# 家族控制、国有股权参股与企业并购

张 静◎著

中国财经出版传媒集团

经济科学出版社
Economic Science Press

**图书在版编目（CIP）数据**

家族控制、国有股权参股与企业并购/张静著. --
北京：经济科学出版社，2022.10
 ISBN 978 - 7 - 5218 - 4087 - 2

Ⅰ. ①家… Ⅱ. ①张… Ⅲ. ①家族 - 私营企业 - 国有
股权管理 - 研究 - 中国②家族 - 私营企业 - 企业并购 - 研
究 - 中国 Ⅳ. ①F279. 245

中国版本图书馆 CIP 数据核字（2022）第 184424 号

责任编辑：周国强
责任校对：徐　昕
责任印制：张佳裕

**家族控制、国有股权参股与企业并购**
张　静　著
经济科学出版社出版、发行　新华书店经销
社址：北京市海淀区阜成路甲 28 号　邮编：100142
总编部电话：010 - 88191217　发行部电话：010 - 88191522
网址：www. esp. com. cn
电子邮箱：esp@ esp. com. cn
天猫网店：经济科学出版社旗舰店
网址：http：//jjkxcbs. tmall. com
北京季蜂印刷有限公司印装
710 × 1000　16 开　11. 75 印张　200000 字
2022 年 10 月第 1 版　2022 年 10 月第 1 次印刷
ISBN 978 - 7 - 5218 - 4087 - 2　定价：76. 00 元
（图书出现印装问题，本社负责调换。电话：010 - 88191510）
（版权所有　侵权必究　打击盗版　举报热线：010 - 88191661
QQ：2242791300　营销中心电话：010 - 88191537
电子邮箱：dbts@ esp. com. cn）

中国家族企业经过 40 多年的蓬勃发展，占据了传统制造业的半壁江山，不仅在民营资本中举足轻重，也是国民经济的重要组成部分。改革开放以来中国的家族创业者们抓住机遇，从无到有、从小到大，稳步经营。家族企业创立之初显示出巨大的经济活力，家族控制的效率发挥到极致。在中国经济高速发展的大环境下，家族企业也实现了自身的跨越式成长。然而如今中国经济发展步入新常态、新旧动能转换，家族企业也面临着转型升级和代际传承的双重挑战。如何打破"富不过三代"的魔咒，如何实现在保持家族特性的同时维持企业自身的竞争优势和持续发展，这是家族企业实践者与研究者共同关注的问题。企业的发展模式包括内生性发展和外延式扩张。已有文献对家族企业的创新效率、国际化倾向做了充分深入的挖掘，针对家族企业并购这种外延式发展的研究相对缺乏。

家族控制是社会情感财富（SEW）的重要维度，家族控制的风险规避偏好在投资决策中占主导地位。在企业成长与控制权维护的权衡中，大多数家族企业选择放弃成长以防止控制权的稀释。并购活动具有较高的不确定性，并购失败造成的家族企业声誉受损也会导致社会情感财富损失，因而家族企业决策者从情感上不愿开展会给企业带来风险或使企业生存受到威胁的并购活动。

然而，深入研究家族企业行为决策的基本前提是必须将其嵌入具体的赖以生存发展的经济社会环境中。中国家族企业从诞生之初就面临着不同的市场环境、制度环境，因而西方的家族企业研究理论及结论未必适用于中国。美国家族上市公司家族平均持股比例仅为 18.11%，而本书研究样本基于

2007～2019 年中国 A 股家族上市公司数据得到的家族平均持股比例高达 38.45%，样本中家族控制比例普遍较高。除了持股比例、家族控制程度不同，较之国外家族企业，中国家族企业较为年轻，可能表现出不同的并购倾向。与德国、日本家族企业聚焦主业不同，发展中的中国家族企业存在多元化的内生偏好，以实现家族企业基业长青为目标，可能表现出更强的并购意愿。

鉴于我国家族企业仍然处于成长阶段，面对外部激烈的市场竞争和内部家族代际传承、转型升级的压力，并购这种外生发展模式是家族企业无法回避的战略决策。基于社会情感财富理论，家族企业为了维持对家族的控制、厌恶风险，实施了更少的并购；基业长青假说下，家族企业以长期目标为导向，不惧短期绩效压力，谋求企业外延式发展；而结合中国民营经济发展实际和资本市场并购实践，伴随着改革开放春风发展壮大的家族企业也存在拔得头筹的思想，利用市场中的信息优势，通过并购讲故事炒高股价、短期套利，因此，也不乏利益侵占动机的并购发起行为。基于 2007～2019 年中国 A 股民营上市公司的研究数据，比较家族企业与非家族企业在并购行为上是否存在决策差异以及并购是否能够为企业创造价值，研究发现中国家族企业实施了更多的并购。基于并购动机的深入考察，家族企业更强的并购意愿更多是源自家族控制的利益侵占效应。家族控制与企业并购的正向关系在内部资金占用多、存在控股股东股权质押和外部制度环境差、非四大审计的家族企业中表现更为突出。与创始控制相比，非创始控制的家族企业发起了更多的并购。家族企业并购意愿强但并购绩效差也进一步验证了家族并购动机的利益侵占假说。

股权结构安排是公司治理的起点。在控股家族一股独大的情况下，家族企业虽然有较强的并购意愿，但是并购绩效较差，整体并购效率不高，甚至会产生价值毁损型并购，直接威胁企业生存和资本市场健康发展。已有研究证实在深化混合所有制改革的当下，利用不同产权资本相互融合、有效制衡成为提升包括家族企业在内的各种经济主体核心竞争力的有效手段。

本书主要的研究问题是：在混合所有制改革背景下，国有股权参股能否提升家族企业并购效率？研究发现家族企业引入国有股权可以让企业的并购活动"做得更少但做得更好"，即降低发起并购的可能性，减少非效率并购，但是增强了对并购目标的甄选、并购过程的管控、并购整合的优化，最终实现了较高的并购绩效，呈现出并购效率的提升。进一步研究表明，国有股权参股对家族企业并购效率的提升在内部资金占用多、存在控股股东股权质押和外部制度环境差、非四大审计的企业中更加显著；国有股权参股显著减少了家族企业内部的关联并购；国有股权参股对家族企业并购绩效的提升主要是通过降低并购溢价和提高并购整合能力（提升家族企业内部控制水平）两条路径来实现的。拓展性的研究还发现国有股权参股不仅是形式上的股权参与，还具有实质上的话语权。国有股权的董事会治理效应更为显著，国有股东委派董事能够进一步优化家族企业并购决策、提升并购效率。

本书的研究从家族企业并购的视角验证了国有股权参股存在治理效应，对异质性股权能否有效制衡家族控股大股东这一问题进行了一定的解答。从家族企业这一市场主体的并购效率出发检验了混合所有制改革的成效，也为家族企业如何通过混合所有制改革提升家族企业公司治理、提高企业决策能力、实现高质量发展提供了思路。

# 目　录

**1**

**绪论** 1

1.1　研究背景与研究意义 1

1.2　研究目标与研究内容 5

1.3　研究框架和研究方法 7

1.4　主要研究结论与创新 10

**2**

**文献综述** 13

2.1　家族企业研究 13

2.2　企业并购研究 30

2.3　混合所有制改革研究 44

**3**

**理论基础** 58

3.1　家族企业研究相关理论 58

3.2　并购研究相关理论 64

3.3　研究主题与相关理论的有机联系 69

**4**

**家族控制与企业并购的实证研究** 72

4.1　理论分析与研究假设 72

4.2　研究设计 76

4.3　实证分析 80

4.4　结论 101

## 5

**国有股权参股与家族企业并购倾向的实证研究**　104

5.1　理论分析与研究假设　104

5.2　研究设计　108

5.3　实证分析　112

5.4　结论　132

## 6

**国有股权参股对家族企业并购绩效的影响研究**　133

6.1　理论分析与研究假设　133

6.2　研究设计　137

6.3　实证分析　140

6.4　结论　153

## 7

**研究结论与展望**　155

7.1　研究结论　155

7.2　管理启示　157

7.3　研究展望　158

参考文献　161

后　记　178

# 绪　论

## 1.1　研究背景与研究意义

### 1.1.1　选题背景

　　家族企业这种古老又现代的组织形式独具特色、长盛不衰，一直是学术界和实务界关注的焦点。韦伯（Weber，1904）研究指出儒家厚重的家族企业文化对家人的信任远超对外人的信任，裙带关系较为普遍，任人唯亲不利于经济发展。家族主义观念越强、企业规模越小、家族企业比重越大，地区经济发展越容易受阻（Bertrand & Schoar，2006）。作为世界上家族企业文化最厚重的国家之一，中国过去40多年经济的迅猛发展对韦伯的理论提供了"反例"（吴超鹏等，2019）。中国经济增长之谜是一个值得探索的话题（Allen et al.，2005），家族企业的蓬勃发展也是中国经济之谜的重要组成部分。

　　在中国40多年波澜壮阔的改革开放浪潮中，中国家族企业从无到有、不断地发展壮大，成为中国经济增长最为迅速的部分。当前中国经济发展进入新旧动能转换期，宏观经济结构整体遭遇"供给错位"发展痛点，家族企业面临转型困境，中央层面提出"多兼并重组，少破产清算"的整体架构，鼓励企业积极运用并购战略盘活实体经济。实践中不乏基于转型升级动机并购意愿的家族企业、创始人的积极开拓精神也能够对企业并购起到正面提升作用。然而，如何提高企业内部公司治理水平、提升企业并购效率、减少利益侵占动机的价值毁损型并购，提高并购整合能力是需要解决的问题。在全球产业向创新驱动转型以及中国经济进入"新常态"的时代背景下，我国经济结构亟待优化升级，企业的发展必须由要素驱动、投资驱动过渡到创新驱动。随着新技术、新产品更迭速度的加快，技术竞争日益激烈，企业已经无法单纯依靠"闭门造车"的内部学习发展模式来获取竞争优势，还需要超越组织的边界，从外部获取创新资源，而并购就是获取外部资源的主要途径。

并购为企业带来新增长机遇的同时也挑战着企业的旧有格局，对家族企业更是两难抉择。并购可以帮助家族企业顺利进入需要转型的市场，也为实现外部快速增长提供了可能。然而，并购也可能稀释家族企业所有权、威胁家族财富安全和家族控制，可能中断家族权威及合法性在企业中的延续。也有研究显示，尽管存在这些威胁，家族企业还是积极地从事企业并购。尽管家族企业并购的研究尚在起步阶段，已有文献证实了家族企业的并购行为有异于非家庭企业。不同的公司治理结构、财务管理目标偏好、社会偏好以及家族相关的非经济目标，这些家族独有的特征都直接影响家族企业战略决策和绩效。目前并购理论无法解释部分研究结果，现有的并购理论并不适用于家族企业这一独特的组织形式。

社会情感财富理论为家族企业异质性提供了最丰富的诠释。并购活动具有较高的不确定性，会导致社会情感财富丧失，这是家族企业并购意愿不高的重要因素（Gomez-Mejia et al.，2007）。家族企业决策者从情感上不愿意开展会给企业带来风险或使企业生存受到威胁的并购活动。传统的并购理论，基于西方成熟的资本市场研究都指出家族企业由于自身家族性的特征，存在风险规避偏好，更加重视企业盈利导向的并购而非成长性的并购，更加注重提升利益相关者福祉等非经济目标的追求，而非短期经济目标的追逐，这是否适用于经济转型时期的中国家族企业并购实践？在特殊制度环境中发展壮大的中国家族企业有什么样的并购倾向、并购后的绩效如何？是本书要厘清的问题。

　　并购这种外延发展模式是家族企业应对激烈市场竞争、转型升级实现跨越式发展不可回避的重要战略决策。随着研究的推进，情感财富也被进一步细分。延伸型社会情感财富重视家族代际传承，有利于提高家族企业的并购意愿和并购绩效，因而有学者研究发现中国的家族企业基于基业长青的长期导向动机可能会发起更多的并购（刘白璐、吕长江，2018）。中国的家族企业从诞生之日起就面临着特殊的制度环境，在一代家族企业主的锐意打拼中实现了跨越性发展，企业的成功也增强了管理者的自信。企业家精神是家族企业特殊的专有资本，绝对的话语权也可能导致家族企业走向另一个极端——过度并购，即实施了价值毁损型的并购。

　　国有股权参股家族企业可以起到信号传递的作用，部分缓解家族企业融资时面临的信息不对称问题，丰富融资渠道、为家族企业增加并购所需的经济资源，更有动力发起有利于企业可持续发展的并购活动（余汉等，2017）。国有股权能够提升家族企业的私有产权保护水平，增强企业家扩大企业规模、持续不断投资的信心，提高家族企业风险承担的意愿和能力。基于同样的逻辑，本书旨在检验国有股权参股能否助力困境中的家族企业开展更多转型升级需求的并购活动？国有股权参股从制度层面有助于约束家族控股股东的私利行为，是一种重要的声誉机制，考虑到自己的声誉，国有股东也有意愿增加对家族控股大股东的监督、保护中小股东，家族企业较为严重的第二类代理问题在一定程度上得到抑制。国有股权对中小股东利益有隐性的担保作用、损害中小股东的同时也会损害国有股权的收益（张铄、宋增基，2016），作为异质性股东，国有股权参股能在并购目标选择、并购过程监督中发挥制衡效应，在一定程度上抑制控股家族出于侵占动机发起的非效率并购。并购失败的案例研究发现信息不对称是并购失败的重要原因，国有股权参股可以发挥信息支持效应，加强并购双方的信息沟通，明晰最新的并购政策法规、监管信息，降低沟通成本，提高并购成功的可能性（罗劲博，2020）。并购过程中加强监督约束、并购后协助整合协调，最终提升并购绩效，有利于家族企业实现转型升级、健康可持续发展。

## 1.1.2　研究意义

### 1.1.2.1　理论意义

第一，本书以中国情境下的家族企业为研究对象，结合家族企业研究领域"土生土长"的理论视角——社会情感财富（socioemotional wealth, SEW），来解读混合所有制背景下国有股权参股对家族企业并购效率的影响，丰富了社会情感财富理论在中国情境下的应用文献。研究发现与成熟资本市场不同，中国的家族企业维持家族控制更多是基于中国改革开放 40 多年来经济发展的东风和家族文化的影响，并没有表现出风险规避的一面，社会情感财富理论应用到中国家族企业并购实践具有一定的适用边界。

第二，本书的研究从家族企业并购视角对国有股权作为异质性股权能否有效制衡家族控股股东、发挥治理效应这一问题进行了一定的解答，丰富了代理问题、家族企业公司治理、股权制衡等相关文献。

第三，现有混合所有制改革研究文献大多聚焦于国有企业，重点检验"国企改革式"这条混合所有制改革的主线，检验国有企业引入非控股国有股权的经济后果、影响因素和传导机制。民营企业引入国有股权参与混合所有制改革的经济后果的文献尚处于起步阶段，"民企发展式"这条混合所有制改革的重点线路也不容忽视。本书在考察国有股权参股对家族企业并购效率的影响时，结合中国特殊的制度环境，探究了这种提升、制衡效应的差异性表现，丰富了并购溢价、内部控制、混合所有制改革成效等方面的相关文献。

### 1.1.2.2　实用价值

家族企业主要从事制造业生产，在新旧动能转换的大背景下，经营状况不容乐观，传统行业面临着转型升级的困境，这是新时代民营企业和中国经济实现高质量发展不容回避的重大现实问题。本书检验在混合所有制改革背景下国有股权参股对家族企业并购效率的影响及其机理，为当下更好地理解混合所有制改革提供了新的视角。实证检验发现国有股权参股能够在家族企业并购中发挥治理效应。作为异质性股权有效制衡家族控股股东，国有股权参股从源头上减少家族企业非效率并购，加强并购过程的管控、降低并购溢价，提升企业内部控制水平、提高并购后企业整合能力，以此检验民营企业参与混合所有制改革的效果，总结混改的成功经验、挖掘可以推而广之的有益尝试。国有股权参股提升家族企业并购效率、提高家族企业公司治理、决策能力，为混合所有制背景下家族企业应对代际传承、转型升级的困局提供了一定的思路。

## 1.2　研究目标与研究内容

### 1.2.1　研究目标

本书的总体研究目标：以中国情境下的家族企业为研究对象，结合社会情感财富理论，选择并购这一重要的企业投资战略行为，来解读混合所有制背景下国有股权参股对家族企业并购效率的影响及作用机制。

具体目标如下：

第一，家族企业投资决策究竟是风险规避导向还是长期投资导向尚未有定论，本书以企业并购决策为切入点考察与非家族企业相比，家族企业是否明显发起更多/更少的并购？家族控制存在治理有效性、具有监督效应和利益侵占效应两种假说。基于企业并购视角的检验，家族企业并购动机的出发点是什么，并购动机影响并购行为，最终体现在并购绩效上，家族企业并购最终能否实现价值创造？因而需要厘清家族企业发起并购的动机以及检验家族企业最终的并购绩效。

第二，国有股权参股对家族企业并购倾向有何影响？具体的影响作用机制是什么？国有股权参股在家族企业并购发起、进行和整合过程中起到异质性股权的监督制衡作用，抑制家族控股股东的侵占动机减少非效率并购，能否进一步挖掘出更为详尽的作用机制？具体到不同制度环境和外部监督环境下的家族企业，不同类型的家族企业，国有股权参股对家族企业并购倾向是否存在差异性影响。

第三，国有股权参股是否提升了家族企业并购绩效？具体来说，如果国有股权能够提升家族企业并购绩效、发挥约束效应，那么国有股权参股对家族企业并购绩效的影响机制是什么，是通过缓解信息不对称、提高公司治理水平还是抑制控股股东自利行为，国有股权参股的股权治理和董事会参与治理对家族企业并购绩效的影响是否存在不同。

## 1.2.2　研究内容

本书将在充分梳理分析与借鉴已有研究成果的基础上，以混合所有制改革为背景，以社会情感财富理论、代理理论、资源基础理论为框架，深入探讨国有股权参股对家族企业并购效率的影响。考察国有股权参股对家族企业并购倾向和并购绩效的作用，并结合国有股权参与度、家族企业异质性、制度环境、外部监督环境的调节作用进一步检验。

具体研究思路如下：

第一章是绪论。本章主要介绍本书的选题背景和研究意义，确定家族企业、国有股权参股、并购倾向、并购绩效为本书研究的关键。列举研究目标以及主要研究内容，展示研究的技术路线、介绍研究方法以及简述本书的主要结论及可能的创新之处。

第二章是文献综述。本章对目前国内外的相关文献进行整理与分析，主要从家族企业、企业并购、混合股权治理三方面来梳理国内外相关研究成果。回顾、比较已有文献的理论视角及研究结论，总结述评进一步指出本书的研究是基于已有文献的理论基础挖掘的尚未充分验证且具有实践意义的话题。

第三章是理论基础。本章首先对家族企业研究相关的代理理论、资源基础理论、社会情感财富理论等进行论述，然后再梳理一下企业并购相关的协同效应理论、代理理论和管理者过度自信理论，最后引出本书研究问题涉及的理论解释和适用情境。

第四章是家族控制与企业并购的实证研究。本章将具体研究与非家族企业相比，家族企业的并购活动是否显著更多或更少，家族企业的异质性在企业并购决策上起到了什么样的影响作用，并进行理论分析和实证检验，继而进一步检验家族控制影响家族企业并购的动机和经济后果以及不同制度环境、外部监督环境下的家族企业并购倾向是否存在差异。

第五章是国有股权参股与家族企业并购倾向的实证研究。本章将具体研究国有股权参股能否缓解融资约束、提高风险承担，发挥资源效应，增强家族企业并购意愿促使家族企业发起更多的并购还是作为异质性股权涉入，如何发挥监督制衡作用，抑制家族控股股东的侵占动机减少非效率并购。理论剖析国有股权参股如何发挥约束作用，具体通过信息传递路径还是公司治理路径降低非理性并购。拓展性研究进一步区分国有股权参与和国有股权董事派遣是否对家族企业并购倾向存在差异性影响。

第六章是国有股权参股对家族企业并购绩效的影响研究。本章将检验国有股权参股能否提升家族企业并购绩效，这种绩效提升在不同制度环境、不同资金占用程度的企业是否存在差异以及具体的作用机制，实证检验国有股权参股家族企业能否降低家族企业并购溢价、提升家族企业内部控制水平，进一步研究比较国有股权治理与董事会治理对家族企业并购绩效提升是否存在差异。

第七章是研究结论与展望。本章将总结本书的研究结论，思考家族企业如何在混合所有制改革的背景下优化股权结构、提升公司治理水平，提高家族企业并购绩效，实施更多转型升级、长期价值导向的并购，最终促成家族企业培育核心竞争优势、实现高质量发展。在剖析本书研究局限性的基础上，对家族企业并购进一步的研究方向与内容进行展望，对混合所有制改革优化家族企业经营决策的具体路径进行剖析。

## 1.3　研究框架和研究方法

### 1.3.1　研究框架

本书的研究框架如图 1 – 1 所示。

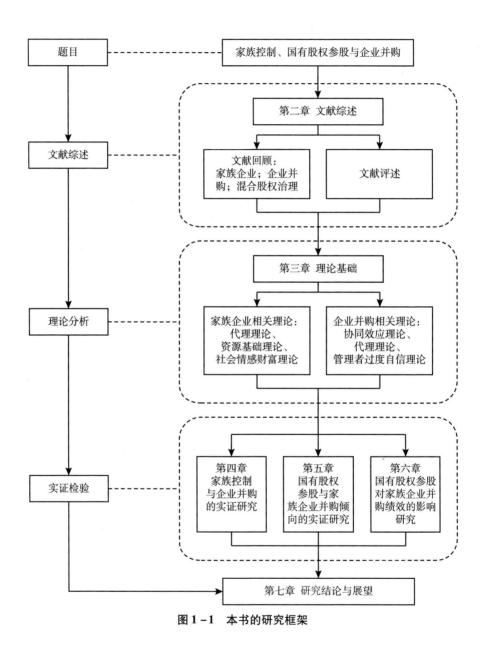

图1-1 本书的研究框架

## 1.3.2 研究方法

本书研究主要涉及财务会计学、财务管理学、应用经济学、管理学、社会学、行为心理学等多门学科，采用规范研究方法和实证研究方法相结合，其中对于文献回顾、理论基础和制度背景等部分主要采用规范研究方法，对于数据检验部分则主要采用实证研究方法，具体来说，主要采用如下研究方法：

（1）规范分析法。在规范分析中，通过文献综述与理论回顾，把握国内外学术界对家族企业以及企业并购的理论研究进展，厘清家族企业并购的研究现状及主要研究话题，并在此基础之上以当前的混合所有制改革为背景深入研究国有股权参股对家族企业并购效率的影响，借鉴公司治理理论、制度经济学理论、社会情感理论和行为金融学理论，从理论层面逻辑分析国有股权参股对家族企业并购效率的影响机制及具体效应，为实证检验模型的构建提供理论依据。

（2）实证研究方法。遵循规范的实证研究步骤，使用国泰安（CSMAR）数据库及万得（Wind）数据库中家族上市公司以及企业并购事件的财务数据样本，结合巨潮资讯网、企查查等网站下载上市公司公开披露的年度报告、公司公告、手工搜集和整理获得国有股权参股数据（包括国有股东有无、国有股东持股比例、国有股东数量以及是否存在国有股东董事派遣），构建实证模型，运用统计计量方法及软件展开实证研究，对国有股权参股与家族企业并购效率的影响进行实证检验。

（3）定性分析与定量分析的研究方法。采用定性的研究方法对本书涉及的相关概念和文献进行了系统的梳理，并结合本书研究问题进行了分析与评述，从理论上解释家族控制对企业并购倾向、并购绩效的影响以及国有股权参股对家族企业并购效率的作用；在定性分析的基础上，通过数据搜集和整理、理论分析、假设提出、实证模型构建，对相关变量采用定量分析的研究方法，使用逻辑（Logistics）回归、样本选择（Tobit）模型、普通最小二乘法（OLS）等回归分析对相关理论假设进行实证检验，运用倾向匹配得分（PSM）、赫克曼（Heckman）二阶段、双重差分（DID）等方法进行稳健性检验，同时在定量分析的研究过程中，又借助定性的分析形成本书主要的研究结论并提出政策建议。

# 1.4 主要研究结论与创新

## 1.4.1 主要研究结论

中国家族企业伴随着改革开放中国经济的高速发展而成长，如今面临转型升级和代际传承两大难题。如何应对国内以及国外经济环境的不确定性，在经济转型、产业升级的大环境下，寻找自身竞争优势，重塑家族企业锐意进取、迎难而上的开创精神，深挖桎梏家族持续发展的痛点是中国家族企业不容回避的严峻挑战。以企业并购为视角，在混合所有制改革的背景下研究国有股权如何助力家族企业健康持续发展，对于非国有经济以及国家经济实现高质量发展具有重要的理论价值和现实意义。

本书主要的研究结论：

家族控制在中国家族企业并购实践中并没有表现出风险规避的一面，面对转型升级的困境，家族企业实施了更多的并购更多，这其中不乏锐意进取的家族创始人基业长青导向的并购。然而理论和实证的进一步检验均发现中国家族企业并购意愿更强，表现出一定的家族控制的侵占效应。内部资金占用多、存在控股股东股权质押和外部制度环境差、非四大审计的家族企业发起了更多的并购。与创始控制家族相比，非创始控制家族并购更多，但并购都没有为公司创造价值。国有股权参股家族企业可以有效抑制家族控股股东的利益侵占动机，并且实证检验结果发现国有股权参股有效抑制了家族企业的非效率并购，具体表现在国有股权参股减少了内部资金占用多、存在控股股东股权质押和外部制度环境差、非四大审计得到家族企业并购以及非创始控制家族企业的并购。优化并购决策，从源头上减少了家族企业的关联并购，提升并购效率，具体表现在国有股权参股抑制家族企业利益侵占动机的并购，通过并购前的目标企业选择、并购谈判过程中加强监督控制降低并购溢价、并购完成后提高企业内部控制水平，助力企业提升整合能力，形成协同效应，这一系列举措最终实现了家族企业并购绩效的提升。区分国有股权参股和董事会治理效应的检验进一步验证了异质性股权的制衡作用在存在董事派遣的家族企业中更为显著，董事会治理效应更为明显。在家族企业发展遭遇困境的关键时刻，本书的结论为解决家族企业提升公司治理水平、助力家族企业转型升级，实现民营经济高质量发展提供了具体的参考路径。

## 1.4.2　可能的创新

第一，研究视角的创新。混合所有制改革作为我国深化经济体制改革的重要举措，取得了显著的成效，如今混改进入深水区，混改的成功经验总结和需要规避的问题也日益受到理论界和实务界的普遍关注。最初混合所有制改革的提出是为了帮助国有企业解决非市场化的痼疾，旨在引入非国有股权激活国有企业的效率，使其成为具有市场竞争力的市场主体，提高整体的资源配置效率。基于此，已有文献大多从引入非国有股权的实践出发探讨混合所有制改革的成效及可能存在的完善举措，进一步优化改革方案的研究视角，很少有文献从非国有企业的转型视角出发，思考国有股权参股作为异质性股权的作用。随着市场经济的发展以及改革的深化，国有股权在改革中逐渐彰显市场化的一面，在社会主义市场经济的大背景下，家族企业中国有股东和家族控股股东是竞争关系，异质性股权的制衡治理效应是值得深入研究和验证的话题。少数关注民营企业混改成效的文献集中关注国有股权对民营企业创新问题、国际化、多元化战略的影响，尚未有文献系统深入研究混改背景下国有股权参股对家族企业并购效率的影响。并购是企业快速扩展发展边界、利用市场存量资源进行资源有效配置重组的重大战略决策，对身处发展困境的中国家族企业是无法回避的战略选择。作为中国民营经济的重要构成以及特殊形态，从家族企业的转型诉求出发，深入探究家族企业存在国有股权对企业并购效率的影响，从另一市场主体的视角全面审视混合所有制改革的成效，可以形成更为客观的效果评估，卓有成效的混改实践也有利于提高民营企业参与混合所有制改革的积极性，助力民营经济高质量发展，形成"国""民"共进的发展态势。

第二，研究内容的创新。本书以中国情境下的家族企业为研究对象，结合家族企业研究领域的"土生土长"的社会情感财富理论，来解读混合所有制背景下国有股权参股对家族企业并购效率的影响。理论上，国有股权参股家族企业可以提高企业的风险承担能力，为企业并购提供一定的资源支持，提高家族企业的并购意愿。而实践中基于中国家族企业并购交易的数据，家族控制并未像成熟资本市场下的家族企业表现出风险规避倾向，中国的家族企业存在通过并购"讲故事"短期牟利动机，不乏利益侵占动机的并购，并购意愿强但是并购绩效差，国有股权参股更多是作为异质性股权发挥治理效应、起到股权制衡、监督约束的作用，在一定程度上缓解家族企业较为严重的第二类代理问题，减少控股家族为获取控制权私利发起的价值毁损性并购。国有股权从源头上减少无效并购，在并购过程、并购整合中发挥监督作用，最终提升并购绩效。研究结论不仅为优化家族企业并购决策提供参考，也在一定程度上提供了如何降低企业并购价值毁损、破解并购绩效之谜的可能路径。

# 文献综述

本章将对家族企业、企业并购和混合股权的治理作用三方面文献进行系统梳理。首先，我们从国内外文献对家族企业的界定进行回顾，对已有家族企业的分类标准、类型进行概述，梳理家族企业研究已有的丰硕成果，对家族企业主要研究领域、指导理论以及学者们关注的焦点问题进行整理。其次，对国内外学者在企业并购方面的研究进行深入细致且系统的回顾，梳理已有文献的研究理论，对并购动因、绩效、并购溢价和并购商誉相关研究进行整理。再次，对混合股权的治理作用的相关文献进行梳理，尤其是归纳总结国内混合所有制改革的影响因素和经济后果相关文献的已有研究，重点关注异质性股权的制衡作用研究。最后，总结涉及家族企业并购的主要理论、适用情境以及不同理论视角得出的结论的解释力度、可能局限，进而提出本书研究的立论基础、逻辑框架、影响机制以及运用到实践中可能存在的路径尝试。

## 2.1 家族企业研究

### 2.1.1 家族企业的界定与类型

#### 2.1.1.1 家族企业的界定

家族企业是一个非常特殊的组织形态，在最简单的分工时代就有了非常传统的家庭手工作坊，具有古老、简单、随处可见的特点。然而，无论时代如何变迁、经济如何发展、社会如何演进，家族企业总是能够找到自己的存在方式和多样态势。在工业化时代、在知识经济时代、在金融科技高度发达的今天，家族企业在世界各地存在形式有异、组织结构不同、规模行业迥然有别，然而可以一名以冠之"家族企业"。这个谜一般的存在为严谨学术研究带来的第一个问题就是如何界定。家族企业研究的学者来自不同学科、多个领域。已有研究从各自领域、各自视角对家族企业的成就及相关问题进行了广泛的探讨，也存在完全相悖的结论。能够达成的共识是：在界定家族企业时，家族涉入是家族企业区别于非家族企业最主要的特征（Chua et al.，1999）。而具体到家族涉入这一概念的界定，我们需要严格区分家族所有、家族管理以及家族治理等要素。我们还需进一步剖析家族涉入的本质，区分清楚是家族主动涉入还是被动涉入。主动涉入是指家族不仅拥有企业所有权，家族成员还积极参与企业日常经营管理，而被动涉入则是指家族仅仅在企业持有股权。同时我们要区分家族涉入的形式，区分家族成员是在管理层任职还是董事会任职（Matzler et al.，2015）。

对家族涉入这一概念界定学界仍然存在分歧的地方在于上述提及要素具体的比例问题。诸如家族企业的认定需要家族持有多少比例的企业所有权，家族企业认定是要满足所有要素还是包含部分要素就可以。随着研究的深入，有学者指出要充分认识家族企业内部存在的异质性差异，包括家族涉入程度、家族成员是否进入董事会、家族是否存在超额董事委派、家族成员参与管理代数（Anderson & Reeb，2003）。

家族涉入程度的不同致使控股家族在追求自身情感禀赋目标时存在自主权差异，即使是同一行业、同一地区的家族企业在战略决策上也表现出明显的不同，具体体现在企业并购决策（Miller et al.，2010）、国际化战略（Gomez-Mejia et al.，2010）、研发支出（Chrisman & Patel，2012）等方面。

创业者既是企业的所有者也是管理者（Bennedsen et al.，2015）。随着时间推移，企业规模变大，创业者可能把部分所有权或是企业决策权分给更多的人，可以是家庭成员也可以是其他创业伙伴。企业所有权和管理权的演变可以有四种类型：第一类是家族拥有大部分所有权，家族成员是控股大股东，在董事会任职；第二类是家族企业仍然存在控股大股东，决策权交由非家族职业经理团队；第三类是家族依然持有股份，但是家族企业股权分散，不存在家族控股股东；第四类则是创始家族已经退出企业，由职业经理团队管理，企业股权分散。前三类都属于家族企业，有研究直接把属于这三类的统一认定为家族企业，这样样本就会比较大。在具体的研究问题下会进一步区分三类家族企业存在的异质性，有研究会直接比较三类企业在某一具体方向上的不同，比较三类企业在不同阶段各自存在的优势、局限以及在不同国家和地区、不同经济发展程度下更为普遍的存在。家族企业这一概念没有形成统一的定义，会导致家族企业与非家族企业的比较存在困难，也容易形成明显相悖的结论（Steiger et al.，2015）。

国外文献中普遍认为有一个或多个创始家族成员是企业的大股东或者参与企业管理，或在董事会任职，即可认定为家族企业（Anderson & Reeb，2003a）。这种定义法基本遵循要素定义法（Chua et al.，1999）的要求，包含一个要素即可认定为家族企业。

国内文献中对家族企业的定义较之国外要更为严格，一般要求同时满足至少两个条件：一是企业的创始人或实际控制人可以追溯到自然人或家族，并且对持股比例有要求，至少是5%，10%是最为常见的比例，有文献要求15%或25%，也有要求控制权达到10%；二是家族成员担任高管或是在董事会任职（苏启林、朱文，2003；陈德球、钟均珈，2011；刘白璐、吕长江，2018；徐炜等，2020）。在两个条件具体的比例，所有权、控制权以及家族成员参与管理还是董事任职，以及参与人数上不同文献会有一定差异，但是必须同时满足两个条件，不仅要持股还需要参与管理、主动涉入，才能认定为家族企业。

### 2.1.1.2 家族企业的类型

家族企业具体类型的划分目前在学术界也存在不同的界定方式，尚未形成完全一致的结论。基于各自研究的视角，学者们对家族企业和家族企业的分类有着各自的理解和判定标准。从权力维度的视角，有文献依据家族所有权和管理权来划分家族企业类型，也有文献以控制者类型作为划分依据（王明琳、周生春，2006）。从产权归属的视角会特别重视家族的所有权，只有私有产权得到很好的保护，家族企业才有做强做大的动力，才愿意投入时间、精力踏踏实实做实业。而家族管理更多的是基于交易成本的降低，在企业创立之初共同的创业愿景让家庭成员更加关注培育企业，而不在乎个人得失。在最初的阶段家族成员会视企业为共同的财富，初创企业内部发挥各自效用最大化，极大地降低了经营成本，体现出家族与企业合一的巨大优势。研究家族企业的第一个问题是家族企业为什么以及何时选择大比例持有股权，什么情境下家族企业更倾向于基业长青、代际传承。第二个问题是什么情境下家族成员更愿意亲自参与管理而不是聘请职业经理人管理家族企业。很多研究简单地把企业按照是否家族一分为二，这种二分法过于单一，无法探究出家族企业的丰富内涵，也无法深入研究家族企业的优势以及存在的问题。家族企业是一个动态发展的组织结构，在最初成立时，家族治理结构显示出极强的效率，企业内部家庭成员间团结合作，最大程度上降低了交易成本，发挥了企业内部具有的资源禀赋，那一阶段企业的战略目标基本处于让企业生存下去，慢慢地积累成长。而随着企业的逐渐壮大，家族治理就会显示出一定的局限性，内部管理人才缺乏，可用的人力资本有限，最初家族性的优势此时可能成为企业进一步发展的掣肘，对家族外部人才缺乏信任，自身资源禀赋发挥到极致，企业边界必须拓宽，家族企业也到了生死抉择的时刻。虽然我们会计假设企业是持续经营的，但在现实实践中企业生命是很短暂的，如果不克服发展中的痛点，生存就是一个问题，一旦能够解决生存问题，家族企业进入黄金发展期，此时就会提出自己的战略目标、发展愿景。因而，家族企业研究一定要结合企业生命周期，关注不同类型、不同规模的家族企业的差异，不能简单假定家族企业是同质的。已有研究指出相较而言家族企业内部的异质性超过了家族与非家族的差异，在战略决策选择、经济绩效、社会责任、代际传承上家族企业内部异质性更为突出。

1. 基于家族所有权和管理权的划分。

有研究将家族企业类型划分三环模型，作者在示意图中用三个圆环环环相扣，分别代表家族成员、企业所有权以及管理权（Lansberg，1988）。还有研究则从家族企业所有权和管理权涉入着手，特别详细地将家族企业类型完全不重叠划地细分出 72 种（Sharma，2002）。我们一直试图从理论上探索一个问题：企业的所有权是应该集中于创始人还是分散于利益相关者手中。家族创始人集中持股可以有效控制企业、高效贯彻执行既定战略决策（Alchian，1965；Jensen & Meckling，1976）。然而，股权分散也有益处，投资者持有公司股权有利于企业融资和持续发展。把股权转让给企业关键的利益相关者，诸如家族成员、管理层、员工、供应商、客户能够产生激励作用，形成各方利益协同（Grossman & Hart，1986；Jensen & Meckling，1976；Williamson，1979）。家族创始人和利益相关者持股的最佳比例、集中和分散的程度主要取决于对高度控制和协同一致损益的权衡。在企业初创阶段，公司规模小，利益相关者人数有限，创始人高度控股是最优持股比例，随着企业多代不断发展，成长壮大自然需要更多利益相关者的参与，因而创始人出于融资需要和形成利益共同体的考虑，会让渡部分股权。创始家族成员共同持股是一种特殊的股权分散形式，除了激励家族成员齐心协力，代际传承也是让渡所有权给家族成员的主要原因。家族所有是一个比较宽泛的概念，在特别小规模的企业中，企业归家族所有是完全所有权意义上的概念。而现代公司制企业，尤其是发达国家的家族所有可能更多的是一个品牌的象征。以世界知名品牌为例，我们熟悉的沃尔玛、福特、LV、奔驰、梅西百货、洛克菲勒、松下、丰田、三星等，从最初的品牌创立就有着创始人及其家族的烙印，家族所有在有些公司只是一个象征意义。而家族管理则可能更具学术研究价值，企业具有家族特性，存在二代管理的家族企业在战略决策、投融资策略上也会显示出异质性。

最初的家族企业研究集中于比较家族企业与非家族企业的差异，以及家族 CEO 和职业经理人管理的家族企业经营决策和公司业绩的不同。随着研究的深入以及上市公司加强对外信息披露，利用多平台增强与投资者沟通互动，企业高管信息在巨潮网等网站公开可得，国泰安（CSMAR）数据库、万得（Wind）数据库更新了更为详尽的家族成员、创始人员的持股情况、学历背景等信息，经过整理可得家族内部成员关系数据以及结合中国传统文化形成企业管理理论，越来越多文献开始从家族结构出发，立足于其核心"家族"，分析家族企业成员内部不同组合异质性形成的家族企业治理模式带来的企业决策和绩效变化。

许年行等（2019）从家族成员血缘纽带关系出发，分析家族企业中兄弟姐妹共同经营的公司治理模式对企业决策以及经营业绩有何影响，并剖析其作用机制。基于"祸起萧墙"假说，兄弟姐妹在家族中属于同辈，存在彼此竞争、争权夺利的可能，彼此目标诉求的不同会在经营决策中出现分歧，在利益分配中产生冲突，家族内部的争斗和内耗会对公司绩效产生严重的负面作用；而"兄弟齐心"假说却提出家族企业内部兄弟姐妹的良性竞争会扩大家族本位这种精神动力效应的积极作用，兄弟姐妹之间的平等地位也形成了相互监督、彼此制衡的局面，进一步完善了公司治理，对公司绩效能够起到积极的促进作用。实证检验的结果验证发现兄弟姐妹共同经营这种家族企业治理模式能够在维护家族荣誉、维持传统家族治理的同时，兼顾现代公司治理机制中的制衡约束，从而有效结合提高公司绩效。进一步的研究结合中国传统文化中的序位法则，理论和实证验证了"长兄为大"的管理模式最有利于促进家族企业绩效，这也解决了一直困扰家族企业的难题之一，即"谁来领导家族企业"。

相较于兄弟姐妹间存在竞争，可能引发家族矛盾，夫妻关系是家庭关系的原始起点，夫妻共同持股、共同经营的家族企业治理模式力求家族福利最大化，有效发挥男女搭配的互补优势，具有明确的公司战略目标、长期战略导向，对企业创新水平具有积极影响（许宇鹏等，2020）。夫妻共同持股的家族企业更多表现出协同合作的一面，在中国的传统文化中，男女有效分工协作，目标一致，基于情感关系的稳固的婚姻状态有利于促进家族企业公司治理水平的提高以及企业价值的提升。家族企业的创立、维持、发展具有许多相矛盾却有无法回避的对立统一。在残酷的商业世界打拼出自己的"王朝"需要企业家的魄力、进取与创新精神，然而在思想上、文化上、习俗上他们以企为家、家企合一，对企业的担当与延续期望使家族决策趋于传统和保守。相比单一创始人的家族企业，夫妻共同持股的企业在经营决策、现金持有和债务规划上表现得更为谨慎。作为利益一致的共同体，在夫妻共同持股的家族企业中家族股东与非家族股东之间的代理问题会更为凸显，映射到家族企业财务决策上会显示出更为保守的风险规避倾向。

2. 基于控制者类型的划分。

王明琳、周生春（2006）把家族企业的类型按照控制者类型划分为创业型家族企业（创始控制企业）和非创业型家族企业（非创始控制企业）。创业型家族企业是指企业由创始人一手缔造，需要同时具备以下两方面特征：第一，控股家族是企业发起人；第二，企业高管中存在控股家族主要成员任职。创业型家族中即创始人控制家族企业，核心业务由创始人一手创立、倾注了其毕生的心血和财富，会更重视企业的长远发展，具有强烈动机维持家族控制权，世代传承、基业长青，因而通常创始家族控股比例高、股权结构非常稳定，大多采用直接持股形式。而非创业性家族企业也源于我国特殊的新股上市（IPO）审核制度，壳资源稀缺，一些家族企业是通过股权收购间接上市，这种非创始控制家族中存在更多的金字塔股权结构、缺乏对企业的特殊情感，对中小股东利益侵占动机更强。两类企业在目标诉求和治理机制上存在差异，进而影响企业重大发展决策。

企业的发展态势是一个持续动态演变的进程。家族企业按照不同发展阶段划分为三种类型：第一类是始终由创始家族牢牢控制、家族核心成员亲自参与管理的家族企业；第二类是不再是创始家族中的核心家族成员控制，但依然是一个大家庭中，或多或少具有一定的亲缘、血缘关系，创始家族依然持有股份，但是不再亲自参与经营管理，企业管理层依然有家族成员的存在；第三类是持股的家族成员来自创始家族以外，从事家族企业经营管理的已不再是家族成员而是外聘职业经理人（Gomez-Mejia et al.，2007）。从动态视角出发，在第一类家族企业中，创始家族控制和管理企业必然最不愿意放弃企业控制权，而在第三类家族企业中，家族只是单纯地持有企业股权，而且持股家族成员来自创始家族之外，日常企业经营管理已经交由外聘职业经理人，这类家族企业对控制权的重视程度较之前两类家族企业明显表现得更为弱化。

## 2.1.2 家族企业治理研究

家族企业中的控股家族在追求经济财富增长的同时，也追求非经济目标的实现（Chrisman et al.，2012）。控股家族掌握了企业所有权，持股比例很高，在企业战略制定上具有极高的话语权，家庭成员参与企业管理，在企业的董事会任职，有的直接担任公司关键高管，对家族制定的战略决策高效执行，非经济目标诸如家族的基业长青是成员们的共同愿景，而企业就是他们实现愿景的平台，他们和企业一起成长，突破个人思维局限和企业内外部约束。家族企业的权力高度集中于控股家族，在弱制度环境地区更容易形成金字塔式的股权结构，权与利的不对等为控股家族掏空创造了可能（Faccio & Lang，2002）。家族企业治理的特殊性不仅体现在企业层面的权力配置，还体现在家族层面亲疏不同的家庭成员间的权力配置。同在家族企业任职，因为亲缘关系远近，家族成员在企业组织内部自然形成权力上的差序格局（费孝通，1998）。企业主、家族创始者位于家族企业的权力核心，依据血缘、亲情、姻缘形成的亲疏程度不同的家族管理层成员具有的权力也是呈现由核心向外延伸并发散，如同水波的涟漪。企业主的直系亲缘，如子女往往离核心权力距离最近，中国家族企业传承时的父爱主义直观地反映了最核心权力家族治理的特性。家族内部权力的差序格局一定程度上映射了家族企业任人唯亲的偏好。在企业内部人才选用上，家族企业更加偏好亲缘至上，利他主义占优，而忽视了胜任能力这一重要指标。

### 2.1.2.1　家族企业治理的有效性

家族企业治理的有效性主要源于两个方面：

1. 长期导向的战略。

家族企业独有的对家族财富的传承、对非经济利益目标的追求使其有动力投资公司专有的人力资本以及具有长期视野（Bertrand & Schoar，2006）。家族企业是家族和企业的统一体，身份的二元性也决定了企业目标具有二元性。与非家族企业相比，家族企业战略具有明确的长期导向，投资更加具有长期视野，受到"基业长青"的价值观影响（Zahra，2005；Moores & Salvato，2010）。控股家族具有家业传承的愿景，希望将企业的控制权传承给家族下一代，以确保家族财富和家族权威的延续，这也是社会情感财富的重要内涵之一，是家族异质性的突出表现。当家族存在传承意愿时，也意味着多了一份责任，在面对商业竞争时趋向谨慎，日常经营活动会更加偏向风险较小的业务，投资决策也更为稳健，当企业需要进行长期投资时，一方面具有传承意愿的家族企业对项目的甄选会更加仔细，反复推敲，长期投资对企业资金的要求很高，长期投资一旦失败不仅使企业前期投入清零，也可能错失其他的投资机会，然而一旦项目优质可行，具有传承意愿的家族企业也愿意为下一代承担风险，不惧短期业绩压力，更具有长远眼光和投资耐心。因而在研究家族企业研发创新、国际化倾向、多元化战略的长期投资决策时出现了很多相反的结论，这是因为家族具有传承意愿会从项目选择出发，如果具有投资价值，家族企业并不是一味排斥，前提是对项目潜在的风险收益反复验证。非家族企业以利润最大化为企业目标，经济目标导向型的企业会考虑长期投资的现时成本，以及对企业短期业绩造成的影响。长期价值导向具有家族逻辑，有传承意愿的家族企业更具长期视野，家族所有权持有比例越高的企业，越愿意在长期投资上投入时间、精力，反复调研。对于精选的项目，更愿意投入更多的资金，耐心资本也更高。出于"声誉"考虑，家族企业是长期投资者，看重生存、继承、与债权人维护保持长期合作关系。为了缓解代理问题，家族企业厌恶风险、较少举债、不透明度低，债券收益率和家族所有权负相关。

家族财富需要传承，家族企业就更希望能够在稳定、恒久的社区环境中生存发展，家族企业会更多地参与社会活动，提高家族声誉，维系和企业客户、供应商、上下游企业之间的良好合作共赢关系（Gomez-Mejia et al.，2007）。家族企业的情感禀赋不仅只存在于对家庭内部成员的关怀，对家族下一代的传承意愿，还表现在对外部利益相关者关系的维护。资本市场上控制权争夺的案例以及家族企业的控制权争夺都体现了外部经销商、合作者对企业的重要性，经营好与多方面利益相关者之间的关系是家族企业培育社会资本的重要途径之一。在各方利益相关者关系的维系上，家族企业更加重视员工利益、将其置于各种关系的首位。在家族持续经营的过程中，企业尤其重视与员工建立信任信赖机制，善待员工是维持家族企业声誉的重要一环。

家族企业具有风险规避偏好的前提条件是可以小富即安，没有长期视野，没有经营压力，没有特别强烈的传承意愿，重视长期发展。家族延续的企业会仔细衡量研发投资项目的可行性，风险与收益并存，尤其是当收益可以在未来产生，为家族继承者带来后续发展机遇时，长期导向的家族企业更倾向于承担可能的研发失败风险，进行了更多的长期研发投资。

2. 较低的代理成本。

家族企业是由自然人或家族控制的公司，控股家族在企业内部持股比例较高，家族成员参与企业管理、担任企业核心管理职位，"两职合一"的现象在家族企业中更为普遍。家族控股股东有动机和能力监督管理层，家族成员内部具有共同的家族利益、企业利益，家族文化、远景等价值追求。因而与非家族企业相比，绝大多数情况下，家族企业委托人和代理人的目标更趋于一致，降低了所有者与管理者分离所引致的第一类代理成本。另外，集中的股权使家族同时承担了企业的所有者和管理者双重身份，家族董事会参与也使家族有能力充分利用在企业内部的信息优势，获取充分且相关的信息，降低信息不对称，有效控制外部代理行为（Chrisman et al.，2004），所有者与经营者之间的第一类代理问题在家族企业中有明显改善。

家族企业高度集中的所有权降低了家族管理层操纵会计利润的机会主义动机，财务报告质量更高，家族企业财务报告中的异常应计更少，会计盈余信息相关性更高。赵宇恒等（2015）以2008~2012年中国家族企业上市公司为样本，考察家族经理人与职业经理人企业投融资行为选择偏好，研究发现家族经理人更加重视家族控制权，具有风险规避倾向，偏好低负债的长期投资行为，金字塔控制起到了调节作用。研究结果表明合理的股权制衡有利于提升家族企业的公司价值，可以对第二类代理问题起到一定的治理作用。家族控制程度较低时，家族企业的第二类代理问题没有那么严重，股权制衡的提高反而会降低公司价值。

对于家族企业的第二类代理问题，也有学者持不同意见。家族企业是分各种类型的，不能一概而论，总体上说由于集中的控制权家族确实具有侵占能力，短视的家族也具有掏空动机。而有意传承的家族企业舐犊情深，会把自己苦心经营的家族财富以最好的状态传承下去，掏空动机自然降低，增大对企业的投入，减少对企业的掠夺，企业经营业绩自然提高，这和将企业交由职业经理人的情形是不同的。家族企业中也有能够经营主业，不追逐暴利，追求长期发展的控制人，随着市场监管的规范以及营商环境的改善，家族超额控制的企业也在减少，创始家族直接持股，珍视企业和个人声誉，利益侵占动机减弱。

### 2.1.2.2 家族企业治理的无效性

家族企业治理的无效性表现在三个方面：

1. 有限的人力资源和经济资源。

家族企业通常不愿在管理层重要岗位引入外部人才，尽管外部人才的引进可以为企业带来新知识和新技能，为家族企业带来新资源以及发展机遇。

对控股家族来说，外部人员的引入会妨碍家族对企业的控制和管理，损害家族利益（Gomez-Mejia et al.，2007）。这种短视思维导致企业规模扩大之后必然面临人力资源的匮乏和资金面的紧张。企业要想进一步发展必然需要通畅的融资渠道，虽然很多企业凭借内部构建企业集团，拆借挪用资金，以及各种民间资金筹措方式解决战略发展需要的资源，甚至不惜背上高额负债，不乏有家族企业因为资金问题出现危机的新闻，因此企业也会与发展良机失之交臂。比资金更缺乏的是人力资本，家族企业发展壮大的最主要瓶颈并非来自融资约束，缺乏必要的资金而在于缺乏管理人才，能够胜任的人力资本，家族涉入管理层就成为解决这一问题的次优选择（李新春，2003）。

2. 利他主义带来新的代理问题。

虽然有研究表明由于家族企业所有权高度集中，家族参与管理降低了家族企业的第一类代理成本，与非家族企业相比，家族企业的所有者与经营者之间目标趋向一致产生的代理问题较轻（Chrisman et al.，2004）。但家族的利他主义、亲缘关系、非经济目标追求会给企业带来新的代理问题（Chang et al.，2010）。即使家族成员尤其是核心成员能力不足，控股家族基于血亲关系也会为其提供工作岗位，为受雇的家族成员谋取福利最大化，在人才选拔时存在任人唯亲的短视行为，忽视人才选聘所需的真正的胜任能力（Salvato et al.，2012）。出于利他主义的考虑，对家族管理者没有足够的监督和考评机制，对经营不善的家族管理层不能够根据业绩进行惩处或辞退，增加企业经营管理成本。存在亲缘关系的家族 CEO 即使在任期内企业经营业绩不佳，也很少被辞退，贸然投资、盲目决策导致企业损失，个人所承担的代价较小，很容易造成过度投资（许永斌、鲍树琛，2019）。不恰当人才的选用损害了其他有能力人才的利益，也加大了企业的监督控制成本，长期来看不利于企业发展壮大。

王琨、徐艳萍（2015）以 2005～2011 年中国家族上市企业为样本，研究了家族成员高管和非家族成员高管的薪酬差异，发现家族成员高管获得了更高的薪酬。进一步检验区分超额薪酬是基于利益侵占动机还是能力溢价原因，结果显示家族成员的超额薪酬和企业业绩负相关，这一负向影响在家族董事占比高的企业更加显著。已有研究发现家族化管理对企业价值有负向影响并找出了一个具体的影响渠道，即控股家族通过支付给家族成员超额薪酬侵占中小股东利益，最终有损公司价值。

3. 家族控制权的侵占效应。

家族企业所有权高度集中，家族成员在管理层以及董事会任职使家族企业异于股权分散的公众公司。家族企业更近似于具有一个大股东及众多中小股东的公众公司（Shleifer & Vishny，1986）。在这种场景下，管理层和股东的代理冲突得到缓解，而大股东有动机去侵占中小股东财富。几乎所有的公司都有大股东，但是大多数的大股东都是机构投资者。不同于家族股东，存在各自的经济利益诉求（Li et al.，2017），这种相对分散、各自不同的利益诉求削弱了机构投资者作为大股东的监督动机（Villalonga & Amit，2006）。研究显示大多数机构投资者都属于共同基金，他们更多的是用退出威胁的方式用脚投票而不是对管理层实施积极有效的监督。

家族特有的属性能够缓解管理层与股东之间的第一层代理问题，但同时也加剧了家族控股股东与外部股东之间的代理冲突。家族归属感即对家族的承诺和奉献会使家族控股股东有动力行使监督职能也会使家族管理层不遗余力地经营管理企业。这种家族特性也同时产生了家族控制权私利，与之相随的是家族控股股东有机会侵占外部股东的财富。家族企业存在双重代理问题。整体上说，标准普尔500指数和财富500强公司的研究数据发现家族控制权增加了企业价值，这种正面效应在创始控制的企业、家族及外部股东潜在冲突较小以及公司透明度高的企业更为显著（Anderson & Reeb，2003a；Villalonga & Amit，2006）。然而，扩大了样本公司的研究发现与非家族企业相比，家族企业的市场价值更低（Anderson et al.，2009）。除了公司规模特别大，公司信息特别透明的家族企业，研究发现家族控制权和企业价值负相关。一旦家族成员进入管理层或是董事会行使监督职能，家族控股股东就更加有能力获取控制权私有收益，因此外部股东对家族成员进入管理层或是成为董事格外敏感。

中国经济飞速发展，市场环境和投资者保护仍在逐步完善中，而市场和法律环境会影响股东和投资者的决策行为。完善的法律体系能够较好地保护投资者，对股东和管理层也构成有力的外部监督。研究发现上市公司掏空行为由于违法成本较小更为便利，债权人预期可能存在的利益侵占行为就要求更高的风险溢价，表现为家族企业的债务融资成本较高，因而监管层对中小投资者和债权人的保护力度仍需提高。

以东亚国家家族上市企业为研究样本发现高度集中的家族所有权导致家族企业会计盈余信息含量低，家族控制权呈现了侵占效应，研究发现这是因为集中的所有权一方面有利于管理层掩饰政治寻租、降低企业内部会计信息透明度，另一方面控股股东有能力侵占中小股东利益，会计信息质量下降旨在掩饰攫取行为（Fan & Wang，2002）。沿着这个思路，冯旭南等（2012）以 2007 年 391 家家族上市企业为样本，研究家族为终极控制人时对公司价值的影响，并考察公司所处制度环境（细分为地方政府效率、产权保护水平及执法力度）对这种影响的调节作用。研究发现终极所有权和控制权的分离会进一步增加家族"掏空"上市公司的概率，好的制度环境能够起到一定程度的缓解作用，然而当两权分离度过大，侵占效应尤为显著时，这种缓解作用则无法发挥。

综上所述，以家族为主导的治理模式利弊共存，很难判定家族企业的治理究竟是有效还是无效。对于家族企业绩效的研究也存在不同的结论。

## 2.1.3 家族企业代际传承研究

家族传承是把家族企业传给下一代，跨代传承是家族社会情感财富的另一重要维度。代际传承中有这样一组文献，学者们认为家族企业的代际传承不是一个简单的事件而是一个动态持续的过程，在这个过程中存在着"创一代"眷恋权位、不舍放权，两代之间存在认知差异、情感冲突、代际鸿沟，家族企业的传承之路举步维艰。

而随着研究的深入，有学者开始以中国传统文化的父爱视角强调和而不同，父辈会"扶上马""送一程"，强调两代的情感融合，在代际传承的动态过程中由父子共治平稳过渡到二代接任自治。基于中国式父爱，父辈在代际传承中会有许多搭桥铺路、帮扶行为。魏春燕、陈磊（2015）的研究发现受亲代利他主义的驱动，家族企业权力交接时，为防止接任后公司业绩下滑、股价下跌，家族前任 CEO 会对盈余向下调整，使未来盈利更加好看，这也是在帮助下一代树立权威，用这样的成绩迅速获得外界以及企业内部的认可。胡宁（2016）基于同样的视角即中国情境下的父爱主义，嵌入差序格局理论，以2004～2015年家族上市公司"创一代"为样本，研究发现创一代父辈有动机也有能力为继任者进行负向盈余管理，为继任者能力和权威正名。

李新春等（2015）的研究则为"少主难以服众"的困局指出了一个可能的战略选择，在父辈情感和资源的帮扶下，二代接班人另创领地、组合创业，他们从理论和实证上证实了这种代际传承方式的可行性，在实践中某集团"带三年、帮三年、看三年"的交班实践也成为当下中国家族企业代际传承的典范。祝振铎等（2018）结合父子共治的接班实践，检验了代际传承中的父爱主义对企业战略变革的影响，并进一步指出父爱主义的战略变革可以为中国家族企业的接班提供借鉴，但同时也是有一定代价的，在一定程度上也会折损企业业绩。

蔡庆丰等（2019）以家族二代的成长经历为出发点，着眼于二代与父辈信念偏好、经营理念的不同，研究发现二代涉入后的跨行业并购成为家族企业解决当下传承之困、转型升级的合理选择。赵晶等（2015）的研究从战略变革理论的视角分析了代际传承对家族企业业绩的影响，在代际传承之时，家族企业更倾向于选择差异化的发展战略，实证检验发现战略变革增加了企业发展的不确定性，短期来看不利于企业的经济业绩。

学者们就代际传承对企业创新的影响也展开了研究，赵晶、孟维烜（2016）和程晨（2018）都通过实证研究发现家族企业代际传承抑制了企业创新。赵文（2016）认为原因在于继任者的短视行为（myopia behavior）导致企业创新意愿不足、投入削减。较少的家族内部冲突、合理的控股股权设计以及良好的公司治理可以减弱抑制作用而较差的信息环境则会加剧企业创新能力的下降。研究还发现代际传承抑制企业创新，最终导致企业价值减损。程文（2018）认为代际传承中继任者的合法性劣势是影响企业创新的重要原因，继任者的"速胜"动机也促成了其管理决策的短视，降低了企业的创新水平。继任者社会资本的丰富、社会资本代际差异的缩小有助于缓解代际传承对企业创新的抑制作用。黄海杰等（2018）的研究得出了相反的结论，他们发现二代涉入对家族企业的创新有显著的促进作用，这一积极效应在海归二代以及外部监督较差的家族上市公司中更为明显。

## 2.1.4 家族企业国际化研究

已有研究发现家族企业并不偏好特别需要资源投入的战略决策，诸如国际化，这主要是受限于家族企业自身获取资源途径有限（Arregle et al.，2012；Gomez-Mejia et al.，2010）。为了解决资源约束问题，家族企业更倾向于代际传承，雇佣独立的外部董事（Arregle et al.，2012），或是选择不同背景的董事。研究发现外部董事越多，企业越倾向于进行国际化，因为这些外部董事可以分享之前在国际机构工作的经历，也能成为家族企业与外部沟通的中介。但是家族董事和跨代经营对企业国际化的影响研究尚未引起足够重视，尤其鲜有基于资源基础观的研究，董事经历对家族企业国际化产生什么样的影响还有待挖掘。

国际化对追求基业长青的家族企业尤为重要。近年来，越来越多的家族企业研究文献关注考察家族涉入对企业国际化的作用（Gomez-Mejia et al.，2010；Pukall & Calabrò，2014），但是研究结论存在差异。有研究发现家族企业开展了更多的国际化业务（Zahra，2003），也有研究认为家族影响与国际化负相关（Gomez-Mejia et al.，2010；徐炜等，2020），还有研究结果显示家族涉入与企业国际化呈现非线性关系（Liang et al.，2014）。

结合资源基础理论和社会情感财富理论，以标准普尔 500 指数中家族企业为样本，考察家族涉入对企业国际化的影响。结果显示家族成员在董事会占据席位与国际化形成负向关系，这种负向效应在董事会成员经验丰富时得到抑制。研究同时发现代际传承有利于促进企业国际化，而且跨代经营的企业会选择更远地区拓展国际化业务（Dou et al.，2019）。

徐炜等（2020）以中国创业板和中小板家族上市公司为样本，将家族涉入分别以家族所有权和家族控制权来衡量，家族企业比较回避企业国际化，家族控制程度越高，这种规避倾向越明显。这也意味着控股家族会更担心由于海外扩张、企业国际化等不确定性加大失去对企业的控制权。

国际化业务可以为家族企业获取长期竞争优势，家族涉入对企业国际化的具体影响效应结论迥异。研究结论存在不一致的原因可能在于学者们对家族影响力和家族意愿的界定存在分歧。家族涉入使家族企业具有异质性，对家族企业战略决策具有影响力，而家族意愿是指具体到一项具体的企业行为家族是否愿意实施，家族有能力和家族有意愿开展国际化业务同样重要（De Massis et al.，2014）。大多数关于家族企业国际化的研究都是用家族所有权或是家族管理作为家族涉入的衡量指标，并没有体现出家族意愿。因此对家族影响力的衡量需要一个更为细化的代理变量，尤其是要识别出董事会中家族成员和非家族成员的身份以及是否存在家族跨代经营的情况，这两个指标更能体现出家族意愿，追求家族特有目标而表现出的家族企业特有的行为决策。

导致家族企业国际化研究结论不一致的另一个原因在于家族企业所拥有的资源基础不同。家族企业能够获取的资源在是否采取国际化策略决策中也极其重要（Peng，2001），尤其是国际化经验、专业知识等无形资本。家族涉入会抑制国际化，除了资源有限的原因，还源于家族企业重视维持社会情感财富，这一非经济目标效用，家族企业特别执着于家族所有权与控制权。为了维护社会情感财富这一目标，家族企业更少地进行多元化（Gomez-Mejia et al.，2010），创新支出更少（Chrisman & Patel，2012；Patel & Chrisman，2013），能够承受更大的财务风险（Gomez-Mejia et al.，2007），IPO 抑价更高（Leitterstorf & Rau，2014）。因而是否会导致社会情感财富受损是家族企业战略决策最重要的参照点（Gomez-Mejia et al.，2010）。家族企业极其厌恶失去控制权，而企业引入外来者加剧了这种风险因而家族企业更少地进行国际化（Gomez-Mejia et al.，2010）。

与外部董事相比，家族董事资源更为有限。企业国际化需要掌握国外产品市场、国际制度环境相关的专业知识（Arregle et al.，2012），家族董事缺乏对外部市场及制度环境的了解，更不倾向开展国际化业务，而非家族董事则能提升企业国际化。家族董事的存在意味着家族更倾向于控制企业，也就是说家族董事更重视维护社会情感财富。国际化是一项极具风险的战略决策，会对社会情感财富造成潜在威胁，因而家族企业较少进行海外扩张业务（Gomez-Mejia et al.，2010）。因此由于缺少资源和维护社会情感财富双重作用，家族董事会抑制企业国际化。

家族跨代经营可以缓解企业国际化带来的不确定因素、促进家族企业开展更多的国际化业务。共同拥有同一家族的身份能够在家族内部产生利他主义，鼓励知识共享、相互交流，有利于识别出有益于企业的国际扩展机遇。家族年轻一代更多地拥有海外求学、工作经历，熟悉国际市场、制度环境，具有专业知识，也更有利于帮助企业识别出国际化机遇。年轻一代更愿意冒险，因而风险承担意愿更强，跨代经营的企业年轻一代具有多样性的职业发展诉求，有动力开拓国际市场。

综上所述，家族涉入对企业国际化的影响研究较为丰富，但尚未形成一致的结论。在进一步的研究中，要区分不同类型家族企业的国际化倾向，有传承意愿的家族是否有更明显的国际化倾向。

## 2.1.5 文献述评

家族企业是世界范围内普遍存在的组织形式。已有文献集中研究了家族企业和非家族企业在战略决策上的不同（Benedsen et al.，2010），这包括信息披露、并购决策、创新投入等方面（Caprio et al.，2011；Chen et al.，2014）。家族企业的独特表现之一就是家族治理特征。一方面，家族高度集中的股权缓解了由所有权和经营权分离引发的代理问题，控股家族股东与外部股东利益趋同，能够发挥有效监督职能降低管理者的代理成本。另一方面，控股家族股权高度集中有能力有动机侵占中小股东的利益，获取控制权私有收益（Bertrand et al.，2002）。

基于委托代理理论的家族企业研究硕果累累，证实了家族企业治理的有效性。社会情感财富是家族企业行为差异产生的原因，导致了家族企业的异质性。从社会情感财富角度分析，对家族企业所有者来说，企业是他生命的一部分，家族与企业相互渗透，家族成员能在家族企业中获取身份认同、地位认同、能力认同，企业成为家族的延伸，家族成员格外珍视家族声誉、自身形象，更加注重履行社会责任、进行慈善捐赠、积极参加公益事业，这为企业带来了竞争优势。社会情感财富可以细分为约束型和延伸型两类，并指出不同类型社会情感财富对家族企业行为的影响存在差异（Miller & Breton，2014）。延伸型社会情感财富重视家族代际传承有利于家族企业的创新投入（朱沆等，2016），提高家族企业的并购意愿和并购绩效（刘白璐、吕长江，2018）。而社会情感财富在不同制度环境下是存在影响差异的，罗宏、秦际栋

（2019）基于国有股权参股家族企业的视角，检验了混合所有制改革对家族企业创新行为的影响，验证了国有股权参股增加了家族企业"传承意愿"，促进家族企业创新投入的观点。

中国家族企业经过 40 多年的蓬勃发展，占据了传统制造业的半壁江山，成为国民经济的重要组成部分。如今中国家族企业面临代际传承和转型升级两大挑战，如何在家族控制和企业可持续发展间寻求平衡，是家族企业实践者和研究者共同关注的问题。并购是企业快速实现产品和产业结构调整、公司资源优化升级的重要战略决策，并购也是企业进行的风险最大的投资行为，通常伴随着数额庞大的资金、复杂的谈判程序以及并购后期的整合，充满了不确定性。

家族企业的战略决策不仅基于企业的财务目标，还取决于社会情感财富等非财务目标。基于维持家族企业社会情感财富目标的考量，家族企业更加厌恶损失，因而家族企业较少涉及企业并购等高风险行为。而家族企业决策具有长期导向，并购是企业实现长期、可持续发展的重要战略，家族企业由于风险厌恶放弃并购，与家族企业基业长青的目标是相悖的。家族企业已有研究涵盖了企业并购倾向、并购过程、并购绩效，而较少讨论并购发起的动机、驱动家族企业发起并购的影响因素、家族企业通过并购期望实现的目标。基于此，本书拟以家族企业并购为视角检验家族控制权更多地体现为"监督效应"还是"侵占效应"？中国家族企业是基于"风险规避假说"为了维持社会情感财富，投资策略更加保守、实施了更少的并购还是基于"基业长青假说"或是"利益侵占假说"发起了更多并购？只有充分挖掘家族企业并购目标、并购动机才能深入剖析最终家族企业并购会取得什么样的并购绩效，也才能更好地判断家族企业是否成功实现了并购目标。国有股权参股能够促进家族企业创新，提高家族企业国际化倾向，对家族企业并购效率又会产生什么样的影响，这是本书将要检验的问题。

## 2.2　企业并购研究

本章将围绕并购动因、并购类型和并购绩效三方面对国内外文献进行梳理，并特别针对本书研究的家族企业并购梳理了国内外已有研究，总结已有文献的视角和结论，提出进一步研究的空间，为后续实证研究提供理论指导和研究方向。

## 2.2.1　企业并购动因文献综述

并购重组从宏观层面来说是资本市场资源配置的重要方式之一，从微观层面来说是企业应对日益激烈的产品竞争市场实现快速成长转型的途径之一。在总结国内外普遍适用并购动机假说的基础上，结合中国资本市场的特色，进一步梳理国内学者研究的中国企业特有的并购动机。

协同效应理论是指主并企业通过并购从目标企业那儿获得自己欠缺的资源，这包括技术、人才、品牌等。目标企业也能从主并企业那儿学习管理经验、经营理念，在相互学习、共同进步的状态下实现公司业绩的提高，为股东创造财富。从代理理论出发，企业管理者可能出于通过扩大企业规模、帝国建造继而提高自身薪酬的动机而发起并购活动。企业并购行为很大程度上受到决策者的盲目自大心理驱动（Roll，1986）。

高阶团队理论认为管理层特征（个人经历、心理特征）对企业重大决策产生影响，过度自信的管理层与企业过度投资、企业风险承担显著正相关，反映在企业并购决策中，倾向于高估被并购企业的估值，低估可能存在的风险，支付更高的并购溢价，给并购企业带来潜在的财务危机（赖黎等，2017）。李丹蒙等（2018）的研究以管理层持股变化度量管理层是否过度自信，实证检验发现管理层增持股票意愿越强烈，即管理层越自信，越倾向于在并购交易中支付过高的溢价，企业新增并购商誉越多。进一步的分析发现合理的并购商誉对下一年的公司业绩起到正向的作用。

已有并购文献研究管理层并购动机主要基于两点：一是运用充足的自由现金流进行帝国构建，从而获取超额薪酬回报、实现声誉效应，这种非效率投资对大股东来说可能是次优选择，存在代理问题。二是同样基于代理理论，管理层过度自信，可能对目标企业没有足够了解，前期尽职调研并不充分，并购目标企业业务也脱离核心主业，管理层需要支付更多的并购溢价。代理理论研究学者指出由于所有权的分散，管理层具有信息优势、有能力发起自利动机的并购，最终损害股东价值。近期的研究从微观企业内部高管晋升（陈仕华等，2015）、期权激励（王姝勋、董艳，2020），中观产业政策（蔡庆丰、田霖，2019）、外部的卖空压力（陈胜蓝、马慧，2017）、风险投资（李曜、宋贺，2017）、机构投资者（周绍妮等，2017）以及宏观政策环境不确定性（黄灿等，2020）等角度研究如何降低并购过程中管理层的非效率行为。

基于我国资本市场发展的进程和特有的制度环境，国内学者提出中国市场的并购动机极具中国特色，显示出与成熟资本市场不同的一些异象。国内A股依然是以个人投资者即散户为主的新兴资本市场，限制卖空，投资者盲目跟风追捧股票、企业借助并购"讲故事"炒高股价的新闻不绝于耳（黄灿等，2020）。资本市场依然采用准入IPO审核，核准制下壳资源稀缺，存在系统性的错误定价，中国A股上市公司并购目标更偏好于非上市公司。同行业中经营规模、公司业绩相似的上市公司与非上市公司估值存在巨大差异，并购成为某些上市公司资本运作的手段，通过并购非上市公司、获取估值套利（安郁强、陈选娟，2019）。并购重组后大股东减值套现以及大比例股权质押进一步验证了估值套利假说是上市公司并购动机之一。朱雅典、才国伟（2020）实证检验发现控股股东在股权质押后有通过实施并购进行市值管理的动机，并购为企业带来正的市场反应，股价提升，帮助企业"短期避险"，这种倾向在非国有企业中更加明显，缓解平仓压力成为中国资本市场并购发起的动机之一。

并购重组是上市公司的重大决策，也是资产市场的热点事件，对股价具有重大影响。业绩承诺制度设计的初衷是缓解交易双方的信息不对称，一方面缓解并购方对被并购资产的信息不足可能产生的疑虑，增强对被并购资产的信任，增加并购成功的概率。另一方面由于并购交易存在跨期风险，主并企业为目标企业估值不确定性承担了更高的并购溢价。在A股市场投资者一般给予并购业绩承诺正面反应，对并购事件比较热情、并购方股价大幅攀升，一股独大的控股股东有强烈的动力、足够的能力在并购宣告股价最高点减持套现，处于信息劣势的中小投资者在面对股价异动的并购事件只能后知后觉，最终成为高位接盘的受害者。窦超、翟进步（2020）实证检验验证了中国资本市场上的业绩承诺更多地表现出是多方合谋进行市值管理的手段，呈现出财富转移效应，直接体现了较为普遍的短期炒作牟利的投机心理，以保护之名行利益侵占之实。

　　并购支付的高额溢价以及并购中的业绩承诺产生的商誉减值问题是企业持续经营发展的达摩克利斯之剑。商誉减值涉及管理层的主观判断，可能存在认知偏误，也存在管理层刻意操纵的可能，在实际操作中存在不可验证性。管理层在并购中支付了过高的溢价，累积的大额商誉增加了企业计提商誉减值的概率。中国的并购交易实践中普遍存在并购业绩承诺。2008 年中国证监会颁布的《上市公司重大资产重组管理办法》明确要求重大的并购交易中，并购方采用未来收益折现的方法支付对价的必须做出业绩承诺。尽管 2014 年修订的《上市公司重大资产重组管理办法》中对重大资产重组已不再强制并购方进行行业业绩承诺，并购企业可以自愿选择是否遵循业绩承诺条款，实务中绝大多数的并购重组企业依然选择进行行业业绩承诺。一旦进行行业业绩承诺，企业面临的外部监管将会随之增强，注册会计师在审计时会对其披露的业绩盈利预测发表审计意见。投资者通过公开的信息披露可以了解企业经营是否符合最初的预期。并购完成后财务顾问也会进一步跟踪、监督企业内部控制是否规范、业绩承诺能否完成。监管部门则会加强监管，对业绩承诺的履行以及未履行后的补偿严格监督。已有的实证研究发现并购中广泛存在企业为达成业绩承诺进行向上的盈余管理，"精准完成"业绩承诺的现象。而这种刚好完成业绩承诺的公司在下一期更可能计提商誉减值准备。与进行行业业绩承诺的并购企业相比，未进行行业业绩承诺的企业提取商誉减值的可能性更高，未达成业绩承诺的并购企业提取商誉减值能够降低未来企业股价崩盘风险（原红旗等，2021）。

　　魏志华、朱彩云（2019）的研究从产品市场竞争力的视角出发，区分了超额商誉和适度商誉，认为超额商誉源于并购时对资产的高估，无法产生协同效应，极易出现商誉泡沫，给企业持续经营带来负担，浪费企业稀缺有限的资源，对企业长期经营业绩产生负面影响。实证检验发现外部治理机制能够缓解超额商誉给企业带来的负面影响，管理层持股比例高的公司，管理层和股东利益更趋于一致，在进行并购决策时，管理层会更为谨慎，加强并购前的尽职调查，对并购估值更为审慎，并购后的整合监督也更为有效，因而超额商誉对企业带来的负面作用将减小。企业所处行业外部竞争越激烈，管理层自利动机引发的并购可能性进一步降低，出现商誉泡沫的概率进一步降低，有利于缓解超额商誉对企业未来发展的负面影响。

## 2.2.2 企业并购类型文献综述

企业并购是企业兼并和收购行为的简称，旨在通过控制外部竞争以提高自身企业竞争力的手段（黄雯、杨柳青，2018）。与内部积累这种内生性增长模式相比，企业并购是实现企业规模迅速扩张、技术升级、品牌提升的外延式增长模式（陈仕华，2015）。学术研究上对企业并购的分类方法一般有三种，分别是按并购类型、并购方式和并购区域分类。并购可以分为横向并购、纵向并购以及介于两者之间的混合并购。具体来说，并购企业可以来自同一行业，也可以是具有上下游产业链关系的两方，还可以是非相关行业并购。二是将并购分为专业化并购和多元并购。其中，专业化并购是指并购双方属于相关行业的并购，一般可理解为横向并购和纵向并购；多元化并购是指并购双方属于非相关行业的并购，一般可理解为混合并购。按并购方式一般分为股权转让、资产置换、兼并收购和资产剥离（陈信元、原红旗，1998）。按并购区域一般分为本地并购和异地并购。

企业异地并购是存量资本再配置，也是资本跨区流动的微观过程。跨地区并购涉及资源的跨区域流动，由于信息不对称，与本地并购相比，异地并购的搜寻成本、交易成本会更高，面临的跨区域监管也更为严格。通过社会资本，诸如校友关系、行业协会成员建立彼此信任、打破贸易壁垒、合作共赢，完成跨区域资源整合是并购实践中较为普遍的做法（彭聪、申宇、张宗益，2020）。研究发现校友关系网络主要是通过发挥信息分享机制，为企业提供更多的并购信息，提升并购效率发挥作用。在资源整合面临阻碍的时候，校友关系有利于提高整合沟通的速度和效率。

跨地区并购可以细分为跨市并购和跨省并购。相较而言，跨市并购进行套利更容易操作，在实证数据的检验中也得到验证，研究发现并购实践中跨省并购的交易减少而跨市并购的交易增多，因而监管层要加强跨市并购的审核，减少短期套利动机的并购。市场导向型的企业更多地关注于自身经营，注重在自己的领域里培育自己的竞争优势，找到无法替代的产品和业务，精心打造。这样的企业在并购时倾向于选择企业文化相近的目标企业，一方面，协同整合过程会简单，另一方面并购整合后在管理理念、战略协同度上相匹配，最终有利于并购绩效的提升（肖土盛等，2018）。

已有文献认为当企业所处行业迈入成熟甚至衰退期，行业竞争激烈、市场需求饱和、利润空间有限，为避免发展停滞，企业有强烈动机通过并购进入利润更高、前景更好的行业。然而，如果企业本身的行业发展前景良好，企业自身在行业领先，企业更有能力和信心在本行业内谋求发展、精益求精（Ansoff，1965）。多元化并购的研究可以从企业的多元化经营开始。具体研究企业风格，有的企业就是在一个相对较小的领域做精做细，拥有较高的市场占有率，比较典型的代表如涪陵榨菜、安琪酵母、公牛插座，基本都占有行业内 85% 以上的市场份额。对这样的企业来说最大的问题就是发展可能遭遇天花板，整个市场基本已经没有进一步开拓的可能，因而多元化经营从长远来看的确是企业分散风险的一种方式，能够帮助企业度过各种可能的危机，不会因为产品过于单一，在红极一时后销声匿迹。企业实行多元化经营比较便利，进入快、成本低的一种方式就是多元化并购。诸如美的集团并购库卡，开启了家用智能机器人的生产，这是迅速进入另一个行业或另一个市场的方式。在我国有些行业技术门槛很高，短时间内很难涉入，并购则成为一种迅速进入的路径。而新经济时代，有些行业迅速崛起，蓬勃发展，利润极高，其他企业看到有利可图也想进入。如果此时一切从零开始，很可能到真正投产时，商机已过，因而最佳的方式就是通过并购迅速切入。蔡庆丰等（2019）研究认为跨行业并购是家族二代避免与创一代在价值观念、经营理念上冲突的合理战略选择。

蒋冠宏（2021）从产业组织理论的视角出发，系统研究了企业并购对市场势力的影响及作用机理。企业并购能够产生协同效应，从需求侧出发，并购能够实现规模经济、产生范围经济效应，企业并购协同效应不仅体现在规模效应、范围效应，还体现在实现了资源共享，促进创新，实现研发协同，战略整合，管理协同，市场营销策略及客户的协同。需求侧可以体现为上下游协同，降低边际成本，提升产品价格，最终提升市场势力。从供给侧出发，并购能够实现企业上下游纵向一体化，跨行业并购形成横向一体化，降低交易费用和成本，通过被并购企业进入已经开辟的市场，降低了发掘新市场的成本。管理协同效应突出表现在库存管理能力，加强库存的适时管控，降低库存成本。通过提升公司治理水平，加强对销售费用的管理，降低广告费用开销，提升研发投入。并购通过从供给侧降低生产成本提升企业市场势力，提高资源配置效率和使用效率。由于并购引起的资金变动有利于打破地区市场分割，实现资源跨区域优化配置。

并购与创新是国家经济实现高质量发展的主要驱动力。已有研究发现企业并购能够提升市场势力（蒋冠宏，2021）。不同于蒋文的研究结论，陈爱贞、张鹏飞（2019）实证结果显示境内并购带来的市场势力的提升给企业创新带来负向影响。对比两个研究发现，对于并购带来的市场势力提升对企业创新影响的不同主要基于正面影响的观点认为协同效应下效率提升占优，而负面影响的观点则从理论推导和数据层面验证效率提升不足以弥补并购消耗的资金，挤占了企业所需的创新投入，同时境内并购形成的龙头企业的垄断势力抑制了同行业中其他中小企业的创新意愿。

企业为了适应产业调整的外部环境，通过发起连续并购实现战略转型、优化企业价值链，进而提升自身的竞争力。然而连续并购可能并未达成最初的并购目标，企业连续并购后经营状况、市场表现都不容乐观，这可能是因为连续并购是管理层做出的非理性决策，过度自信的管理层发起了更多的连续并购。也可能是因为连续并购并非完全是出于协同效应的动机，而是出自管理层私利，连续并购的结果可能为企业带来负向的财务效应，却为管理层带来超额报酬，尤其体现在货币薪酬上。管理层有了一次跨地区、跨行业的并购成功经验则更倾向于进一步扩大企业规模，发起连续并购。由于并购整合需要时间和精力，短时间内再次发起并购不仅不能消化前次并购出现的问题，也对后一次并购缺乏细致深入的调查，盲目自信，极易造成并购绩效不佳，甚至可能给企业发展带来潜在风险。

### 2.2.3 企业并购绩效文献综述

并购能否创造价值，这一直是个悬而未决的问题。企业并购是由许多因素共同作用形成的，在不同时期、不同制度背景下影响并购行为的因素也各有不同。

西方成熟资本市场的实证研究发现社会关系是一种资源，可以转化为财富。已有研究发现公司高管与银行高管的社会关系能使公司获得更低的资金成本及更少的约束条款，公司股票的市场表现也会更为突出（Engelberg et al.，2012）。此外，公司高管的社会关系直接影响公司的投资决策，尤其涉及企业并购这样的重大决策，并购双方企业的董事如果存在一定的关系，无论是什么级别的联系，都能够使并购交易更顺利地完成，主并企业因为董事联结，获得了超额收益。作为资本市场的中介机构，财务顾问也是一种社会联系，能否实现监管层的初衷帮助上市公司提升并购效率，针对这一问题，宋贺、段军山（2019）的研究做出了深入的剖析。理论上财务顾问为主并企业提供专业化的指导服务，对被并购企业进行尽职调查，降低了并购风险，促成并购交易，提高并购绩效。另外，财务顾问与主并企业也存在利益冲突，为获取高额佣金，财务顾问有动机促成价值毁损的并购项目，降低并购绩效。实证检验的结果发现我国创业板上市公司在实施并购聘请财务顾问时，采用一口价的佣金形式，在缺乏佣金激励的情况下，财务顾问与主并企业的代理问题占优，降低了企业的并购绩效，而高声誉的财务顾问能够发挥声誉鉴证作用，提升并购业绩，关系型财务顾问期待长期合作，形成关系租金对并购绩效业起到了提升作用。

具体到影响机制分析，信息不对称是并购绩效较差的原因之一。陈仕华等（2013）认为社会联系降低了并购双方的信息不对称程度，董事联结可以带来信息和知识优势。李善民等（2015）考察了社会网络带来的信息资源对并购绩效的影响。田高良等（2013）运用社会镶嵌理论，以2000～2011年我国A股上市公司的并购事件为样本，研究并购双方连锁董事关系对并购绩效的影响。理论与实证检验发现，无论是内部还是外部的董事连锁，其引起的并购中代理问题的加剧都超过了信息沟通优势，对并购绩效产生了减损作用。万良勇、胡璟（2014）认为特定场景下的人物关系联结研究，如并购双方的董事之间的联系（Cai & Sevilir，2012），企业与银行高管之间的个人联系（Engelberg et al.，2012）可能会割裂企业原本丰富的网络联结关系。研究从更宏观的视角分析发现独立董事的网络中心度和企业并购行为具有正向关联，这种正向促进作用在制度环境差的地区更加明显，独立董事的网络联结有助于提升公司并购绩效。

　　并购目标选择是影响并购绩效的另一因素。如果主并公司的董事和另一企业的董事有某种程度的关联，来自同一所大学、同一个地方、同一个行业协会，或是另一家企业的董事，则这个企业更有可能成为并购的目标。实证检验还发现具有董事联结的公司并购对短期业绩没有影响，长期来看有正向的影响作用。已有文献围绕目标公司选择对并购绩效的影响研究主要聚焦在三个方面：一是行业特征层面的研究。并购双方为相关行业有利于提高并购后产品的市场占有份额、增强企业垂直整合能力。而如果并购双方为不相关行业，主并企业可能会因为对不熟悉的行业信息不足，很难客观准确评估目标公司的价值，因而已有文献研究结果大多支持相关行业比非相关行业并购获得了更好的并购业绩（李善民、周小春，2007）。然而蔡庆丰等（2019）研究发现上市公司并购事件中60%以上属于跨行业并购，如此大规模的跨行业并购行为显示现阶段并购的现实情况与传统并购理论实现规模效应不同，因此并购动机的研究具有理论和现实意义。二是区域特征层面的研究。由于并购交易本身是个极其复杂的系统工程，地理距离相近的企业间发生并购的可能性更大，并购决策的形成需要主并企业在财务顾问、风险投资机构的协助下搜寻信息，而距离相近的公司或者是交通更为便利地区的目标企业，信息搜寻验证的成本较低，信息不对称问题更容易缓解，因而并购呈现出"本地偏好"，一般来说同地区并购的绩效好于跨地区并购绩效。三是公司特征层面的研究，并购后期的整合效果直接影响并购绩效，并购双方能够实现资源互补，实现管理、财务、创新协同效应，既有研究发现能产生协同效应的目标公司并购绩效更好，这也实现了并购的初衷。

　　近年来，获取目标公司的创新技术，提高企业自身的创新能力也成为企业并购的战略目标之一。已有研究发现通过并购，并购企业能够获取外部创意资源进而提高自身的创新能力（Entezarkheir & Moshiri，2016），对于小规模公司并购帮助他们实现跨越，提高了其成为创新性公司的概率，而对于大规模公司，并购增加了其持续性的创新产出（Cefis & Marsili，2015）。国内学者也有针对高科技企业、制造业技术并购的讨论，研究发现技术并购促进了并购公司未来的创新业绩（温成玉、刘志新，2011；张峥、聂思，2016）。张学勇等（2017）从并购公司和目标公司的创新能力出发提出并购有创新能力的目标公司驱动公司自身的创新提高，实现了企业自身成长，从而获得资本市场认可实现价值提升，创新协同效应促进了企业的并购绩效提升。

黄福广等（2020）的研究发现并购标的企业有风险资本参与可以获得更为显著的短期绩效，风险资本的专业和资源在并购过程中发挥了增值作用，产生协同效应。有风险资本参与的并购交易，后期整合阶段创始人留任的概率加大，整合难度变小，也更容易获取显著的长期并购绩效。

企业实施并购的主要动因是实现协同效应，通过并购实现公司的多元化发展、推动企业成长，提升企业的竞争优势。然而已有研究发现70%的并购都未能达到之前预期的目标（Joshi et al.，2018）。究其原因，并购最终失败、无法实现股东价值和企业价值提升的重要原因之一就是企业文化整合失败。企业文化是企业维持可持续竞争优势的核心，并购双方文化兼容是并购整合成功的基石（Bradt，2015）。企业文化差异是后期并购双方有效整合的绊脚石，增加整合难度，带来额外的并购整合成本。曾经的"世纪大并购"美国在线（AOL）公司和时代华纳（Times Warner）的合并被称为史上最悲催的并购，追根溯源问题之一在于两家公司的文化冲突，无法兼容。美国在线（AOL）公司是互联网企业的新王者，时代华纳（Times Warner）是曾经的媒体之王，新近与传统媒体之王的世纪合并把两家公司股价推涨至历史最高点。然而企业文化差距的鸿沟、激进与保守的摩擦不断，伴随着互联网泡沫的冲击，合并后的公司市值在两年内下跌超过2000亿美元，较之合并前股价最高点跌去了90%，风光无限的世纪并购变成了世纪掠夺，而无视文化差距、忽视并购风险、任由股价暴涨，最终使中小投资者承受了无法挽回的损失。

然而文化差异也可能为并购双方企业带来学习效应（蔡宁，2019），不同的文化背景让主并企业和目标企业成员间资源共享、提高组织效率。通过并购，企业双方有途径获取各自特有的竞争优势，形成合力，发挥学习效应、提高协同能力，提升并购绩效。实务中吉利并购沃尔沃的成功案例也验证了文化差异越大，学习效应越显著，并购整合成功概率越大。这其中，如同吉利董事长李书福指出的，并购双方文化差异对并购整合、绩效的影响是加大整合成本还是发挥学习效应，关键在于如何正视文化差异，有效实施并购后的过程管理，做到"和而不同"，求同存异，积极寻求价值创造的路径。

理论上如果并购后企业文化整合成功就可以实现并购价值创造，反之则会形成并购价值毁损（Bradt，2015）。然而，69%的公司在并购整合阶段对企业文化如何兼容没有足够重视。企业文化是由企业的管理层塑造形成的，管理层是否有能力整合并购方和目标企业的文化是决定并购成功与否的关键因素。

### 2.2.4 家族企业并购文献回顾

已有文献主要考察了企业实施并购的倾向以及影响企业发起并购的可能因素。有研究认为由于家族企业损失厌恶以及家族控制权的诉求，家族企业发起了更少的并购（Miller et al.，2010；Shim & Okamuro，2011；Caprio et al.，2011）。家族企业更少的并购倾向也源于家族企业的特性，更加偏好内部成长以及厌恶风险（Caprio et al.，2011），缺少能够胜任并购及并购后进行管理的专业人才。也有研究从行业层面、制度环境层面做出解释（Franks et al.，2012）。家族企业的这种防卫性治理模式也使其较少地成为被并购的目标（Caprio et al.，2011）。基于同样的理论，家族企业更为偏好国内并购而不是跨国并购（Chen et al.，2009），即使是部分自己的产业，家族企业也很少出售。家族企业不愿意从事并购主要的原因在于并购风险及不确定性威胁到家族情感财富效用（Gomez-Mejia et al.，2015）。然而当他们觉得企业自身生存遇到问题时，会将经济效用放在首位考量，情感财富效用则次之，也可能发起非相关行业并购，增加业务的复杂程度，分散风险，防止企业被收购。有研究用家族企业一个具体的并购案例显示了家族大股东的作用（André et al.，2008）。由于企业战略转型，企业中没有控股大股东、董事会治理能力较弱，这个家族企业从最初的收购方变成了并购目标。母公司经历了代际传承，企业 CEO 迫不及待地要出手这项业务，尽管最后并购在各方看来都是比较成功的，形成了协同效用，然而细观此项并购则存在一些问题。并购后的整合比较失败，最终导致有经验的管理人员流失。另外，企业管理层在并购中支付了高额的并购溢价，大幅增加了企业的债务，影响了并购后的长期绩效。

已有研究显示，至少一半甚至高达 80% 或 90% 的并购最终以失败告终。家族企业并购失败会造成极大的家族财富损失以及可能的控制权稀释

（Gomez-Mejia et al.，2015）。企业所有权结构影响企业的并购偏好，家族企业决策受到风险偏好、家族股东的非经济利益追求，以及家族特性的影响。家族企业在实施并购时秉承的目标需要进一步研究。在研究家族企业并购问题时，如果忽视家族特性则可能导致研究结果出现偏差。挖掘企业并购失败原因，首先要明晰界定最初并购目标以及并购动机。现有并购动机的研究大多聚焦于管理层，忽视了其他有影响力的利益方，诸如所有者的目标如何影响企业并购。在股权分散的企业，所有者要求实现财富增值，而管理层则有自己的目标函数，现代企业中并购是由管理层发起的，这使得并购并非为了实现股东财富最大化，而是追求管理者个人利益的最大化。

家族企业所有权高度集中，家族财富集中于企业财富以及追求对非经济利益，这些家族企业特性会影响战略决策中的目标抉择（Duran et al.，2015）。家族所有权高度集中意味着家族有足够的权威可以监督管理层。家族所有权的高度集中同时也意味着企业所有者把绝大部分家族财富倾注于企业，这种合二为一使家族企业对不确定的投资和战略决策较之非家族企业更为敏感（La Porta et al.，1999）。最后家族企业对非经济利益的追求，诸如把家族延续、家族影响力、维持家族与内外部相关者的长期关系等放在决策的首要参考点会影响家族企业战略决策偏好（Duran et al.，2015）。家族企业独有的特征不仅会影响并购倾向、频率和类型，还会影响并购动机和并购目标。

与非家族企业相比，家族企业在并购宣布公告中更少描述经济目标，主要是因为：首先，家族财富高度集中于经营的企业，家族相较而言存在更强的风险厌恶偏好，家族企业可能采用其他途径而不是并购追求财富目标；其次，家族企业具有长期导向而不是一味追求短期经济目标；最后，家族企业对非经济目标的追求超过了经济目标，尤其是面临并购这样具有风险的战略决策。即使家族企业在并购公告中提及并购是为了实现经济目标，也会更多地强调并购的经济目标是提升长期盈利能力而不仅仅是降低成本、提高营业收入这样的短期目标。这也是因为家族财富的高度集中致使家族企业在战略决策时更加注重长期导向。在实施企业并购时，涉及经济目标也是致力于未来长期盈利能力的提升。另外，家族企业追求非经济目标会更加重视企业的生存，而短期经济目标则是次之，企业长期获利能力对企业的生存至关重要。

家族企业较少进行创新导向的并购。创新对企业的发展尤为重要，尤其是通过并购实现的技术创新（Kotlar et al.，2013）。然而对于家族企业来说，外部并购实现创新可能会带来不确定因素，削弱家族控制权（Duran et al.，2015）。此外，创新要求更为专业的技术、外部人才储备、给予管理层更多的创新自主权（Gomez-Mejia et al.，2007），所以家族企业进行并购创新的意愿不强。对家族企业来说，自己设计生产培育产品能够实现企业自身品牌塑造、提升自我价值，有利于家族企业在行业内部树立权威地位（Kotlar & De Massis，2013）。而从外部并购获取的新产品是对家族企业非经济效用的一种威胁（Gomez-Mejia et al.，2014）。家族企业追求非经济目标有利于促进企业内部创新效率（Duran et al.，2015），因而家族企业更多地会通过内部实现创新而不是选择并购创新。家族财富集中于企业，也造成企业缺乏足够的经济资源进行创新，尤其是面对高不确定性的创新项目，创新支出是否能取得相应回报，家族企业更为谨慎。

家族企业是中国企业并购浪潮的主力军，基于长期导向的家族企业进行并购产生的商誉向市场传递了积极的信号，投资者倾向于认为相对保守的家族企业不会在并购中支付高额对价，一旦确认高额商誉，意味着向市场传递企业未来超额盈利能力、企业发展前景良好，具有履约偿付能力，可以提高资本市场估值，为家族企业持续发展带来更低的融资成本、更多的融资机会，为家族企业的创新提供充足的资金支持。家族企业并购商誉的确认一方面在外部释放积极信号，拓宽融资渠道，另一方面增强家族内部管理层的自信，提高企业风险承担能力，有利于促进家族企业加大创新投入，这其中被出具标准审计意见的家族企业因为第三方审计的背书，减少了并购过程支付高额溢价的可能性，并购商誉的可信度提升，市场给予的反应更为积极，并购商誉与家族企业风险承担的正向关系更为显著（李健等，2022）。

家族企业并购绩效的研究结论尚未达成一致。与非家族企业相比，家族企业的并购绩效更好或更差无法一概而论。有研究综合考虑了外部制度环境和内部公司治理，认为内外部环境是影响家族企业并购绩效的重要因素，在今后的研究中要予以重视。家族企业并购绩效问题无法达成一致结论的重要原因之一还在于已有研究在界定家族企业这一概念时标准不一。尽管许多文献在研究中实证检验了家族持股比例对企业并购绩效的影响，但是不同的家族企业界定导致最终结果不具可比性。

家族企业研究中要特别注意家族企业在决策中会把非经济目标置于首位（Chua et al.，1999）。充分挖掘家族企业并购目标、并购动机才能深入剖析最终家族企业并购绩效好或差的原因，也才能更好地判断家族企业是否成功实现了并购目标。家族企业已有研究涵盖了企业并购倾向、并购过程、并购绩效，而较少讨论并购发起的动机、驱动家族企业发起并购的影响因素以及家族企业通过并购期望实现的目标，这是本书拟关注的问题。

## 2.2.5　文献述评

并购是企业重要的投资决策和战略决策之一。并购是基于市场供需形成的契约，转型经济体中，制度环境是理解企业财务行为的不可忽视的因素，用新制度经济学的框架分析理解我国企业并购行为也是学者们的主要思路。控股股东的自利动机推动的并购自然无法产生并购收益和公司价值的提升。在并购活动日益频繁、规模不断增大的背景下，如何提高并购绩效，不仅要做大企业，还要使企业做强、做优，实现企业的跨越式发展是学术界和实务界共同关注的问题。综观国内外已有文献，对家族企业的并购研究并不是很充分，也没有形成一致的结论。家族财富集中于企业，一方面可以集中财力经营企业，形成凝聚力，促进了企业成长；另一方面任何经营都是存在风险的，一旦决策失误，家族多年的经营积累就会付诸东流。对部分家族来说，依然存有财富代代相传的美好愿景，对自己选择的产品战略希望能够延续下去，因而面对并购这种风险极大的项目，家族实施意愿不强。李井林等（2013）用我国上市企业的数据得出了类似的结论，相比于非家族企业，家族企业发动了更少的并购，家族控制与并购绩效正相关。对这一问题，也有不同的声音，家族控股股东有动力和能力利用并购交易的复杂性进行利益输送，不易被察觉（Morck & Yeung，2003），即家族大股东有动机去发起更多的并购活动。还有一种分析就是基于长期价值导向的视角，家族企业的并购意愿更强且并购绩效更好（刘白璐、吕长江，2018）。本书认为，我国家族企业仍然处于成长阶段，面对外部激烈的市场竞争和内部家族代际传承、转型升级的压力，家族企业不应也无法回避并购这种外生发展模式。基于社会情感财富理论，家族企业为了维持对家族的控制、厌恶风险，从而实施更少的并购；基业长青假说下，家族企业以长期目标为导向，不惧短期绩效压力，谋求企业外延式发展；而结合中国民营经济发展实际和资本市场并购实践，伴随着改革开放迅速发展壮大的家族企业也存在拔得头筹的思想，利用市场中的信息优势，炒高股价、短期套利。因此，具体中国家族企业基于何种动机发起并购、并购有何特征又会为企业带来怎样的经济后果是本书重点研究的问题。而如何在混合所有制改革的背景下，利用国有股权参股作为异质性股权的制衡效应，积极引导中国家族企业提升并购效率，提高公司治理水平，实现成功转型、可持续性发展也是本书积极探求的答案。

## 2.3　混合所有制改革研究

混合所有制改革是国家基于现实制度环境、经济发展制定的顶层设计。最初是用于指导国有企业改革实践，引入非国有股权以提高国有企业公司治理能力，激发国有企业的市场活力。混改强调不同性质股权交叉持股，相互融合。民营资本可以进入国有企业，而国有股权也可以进入民营企业。

国有参股和非国有参股的公司治理研究是中国经济改革所面对的现实问题，是国际学术界关于"多个大股东"问题在中国特殊制度环境、公司治理情境下的研究延续，有助于我们总结"中国道路"的经验，为混改实践提出具备实证研究结论支撑的政策建议。

### 2.3.1　混合所有制改革制度背景

混改从国家层面上说依然是以公有制为主体，允许其他经济形式并存。从微观层面上说是允许企业存在多元投资主体，所有权安排、产权结构呈现非单一、多样性，相互交融共生共赢的态势。混改至少应该是二维的，一方面混改最初政策设计就是为国企改革指明方向；另一方面不断发展壮大的民营企业也是参与混合所有制改革的关键主体，是社会主义市场经济的重要组成部分（何瑛、杨琳，2021）。

改革开放以来，我国经济体制由计划经济向社会主义市场经济转变的时间轴与国有企业改革、民营经济发展的进程基本吻合。已有研究将这一进程大致分为四个阶段（杨兴全、尹兴强，2018；朱磊等，2019；何瑛、杨琳，2021；陈东、刘志彪，2020），如图 2-1 所示。

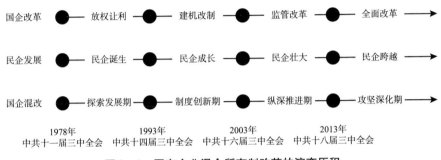

**图 2-1　国有企业混合所有制改革的演变历程**

第一阶段为初步探索破冰时期（1978~1992 年），"国企放权让利、民企诞生"。

新中国成立初期，国有企业担负着国家使命，优先发展重工业，为迅速恢复生产、保障人民生活、建立独立完整的工业体系立下汗马功劳。然而在计划经济条件下，国有企业资源配置效率和生产效率双低，"放权让利"改革应运而生。两权分离扩大了国有企业的经营自主权，国有企业迎来了一段黄金发展期。实施价格双轨制、轻工业行业准入政策，在逐渐放宽的环境中民营经济诞生，开启了"初始发展阶段"。这一时期，民营经济从无到有，乡镇企业异军突起。第一代民营企业家在政策的引导下，发挥企业家精神，创立了"温州模式"和"苏南模式"。这一阶段可以说是新时期民营经济诞生萌芽，本书主要的研究对象中国家族企业也在此时开始创立。

第二阶段为制度创新的发展时期（1992~2003 年），"国企建机转制、民企成长"。

这一时期实施了"抓大放小"战略，中国建立了资本市场，国有企业开始股份制改造。国有企业直接上市实现资本社会化，初步建立现代企业制度，规范公司治理。宽松的外部环境促进了民营经济的蓬勃发展，民营经济由少到多、从弱到强，步入"快速发展阶段"。民营经济市场主体地位的建立和不断发展壮大也加剧了国有企业面临的外部竞争，促使国有企业逐步实现产权明晰，积极向自主经营、自负盈亏的市场竞争主体转变。这一阶段可以说是家族企业为代表的民营经济成长壮大期。国有企业正在经历走向市场的剧痛，政策环境的宽松为家族企业发展提供了更为广阔的市场。

第三阶段为纵深推进时期（2003～2013 年），"国企监管改革、民企壮大"。

这一时期改革力度加大，政府为民营企业公平参与市场竞争提供政策支持和法律保障。民营企业抓住时机，不断壮大自身实力，成为中国制造强国的有力支撑。此时回顾这段历史，不难发现这一阶段民营经济飞速发展得益于当时国家整体经济形势向好，劳动力成本低廉，人们愿意通过辛勤劳动改善自己的生活。而民营企业所从事的生产更多是低附加值、不需要太多技术含量的重复性劳动，这也决定后期直到现在民营经济必须转型。过去推动民营经济发展的积极因素在时代、技术环境、人民需求、国民素质转变的背景下也成为民营经济继续前行的阻力。另外，国有企业上市只是部分解决了企业发展需要的资金问题，还需要进一步改革成为真正具有市场活力和竞争力的市场主体。

2013 年以来启动的混改提出引入盈利目的明确的民资背景战略投资者，资金层面共同承担企业经营风险，公司治理层面民资战略投资者在董事会有一席之地，具有一定的话语权，打破较为僵化的经营机制、建立高效的决策机制。

第四阶段为攻坚深化时期（2013 年至今），"国企全面改革、民企跨越"。

这一时期混改不断深化，国资监管不再直接管理控制企业，不再干预企业经营，而在经济飞速发展、资本市场不断壮大的背景下开始引导监管国资。民营企业也进入"高质量发展阶段"。2017 年党的十九大重申了"两个不动摇"，用"民营企业"替代了"非公有制经济"的传统提法。在新时期"亲、清"新型政商关系下，营造民营企业健康成长优良环境，弘扬企业家精神，成为营经济发展的内在动力。然而中美贸易争端等外部环境和国内经济发展新常态的内部环境使民营企业转型面临更为严峻的挑战。在供给侧结构性改革背景下，民营经济从中低端制造向高端创造迈进是破茧成蝶、实现跨越的必然选择。

## 2.3.2　非国有股权引入对国有企业的影响研究

### 2.3.2.1　非国有股权引入对国企公司治理的影响

国有企业改革是我国独有的经济改革实践，一直处于摸着石头过河的不断探索中。基于国有企业混合所有制改革推进实践中的成果和问题，学术界进行了相当多的理论分析、经验总结。刘运国等（2016）的研究是混合所有制改革实证研究中较早的一篇。文章提出引入非国有资本能够激励高管更加重视企业经营业绩、投资回报，通过在董事会委派董事参与决策加强了对国企高管的监督制衡，进一步完善内控制度，提高企业内部管理效率。与中央国企相比，地方国企引入非国有股东的力度更大，允许非国有股东参与治理的可能性更高，地方国企原有的内部控制制度需要提升的空间也更大，因而混合所有制改革对国企内控水平的提升在地方国企中更为显著。

混合所有制改革有助于提升国有企业内部控制质量（刘运国等，2016），企业内部国有控股股东和高管违规难度增加、违规行为受到抑制。梁上坤等（2020）以国有企业违规行为为切入点实证检验了混合所有制改革是否具有正向经济后果。研究发现非国有股权能够提升企业内部控制质量，提高信息透明度，显著降低企业违规倾向，这种治理作用在地区法律制度环境差的企业中更为显著。

尽管国有企业已经建立了实现经济目标、追求企业价值最大化的现代企业制度，仍然需要进一步改革完善公司治理，提升公司业绩。混合所有制改革使企业产权明晰，业绩型薪酬制度改善了高管激励机制。蔡贵龙等（2018）研究发现单纯的非国有股东持股无法提高国企高管的薪酬业绩敏感性，只有在董事会治理层面非国有股东委派高管才能显著提高薪酬业绩敏感性。在竞争性国有企业中高管薪酬市场化决定因素更多，因而可以提升的空间更大。通过混合所有制改革改善公司内部治理，表现在薪酬上就是薪酬能够与付出的劳动更加匹配。引入非国有股东能够减少国企高管不合理的薪酬，有效降低不合理的在职消费，从薪酬视角验证混改的成效，确实发挥了治理效应。

限制高管天价薪酬的前提是高额薪酬与其付出的劳动以及为公司带来的经济效益不匹配。如果只是利用手中权力为自己谋取高薪，或进行各种不必要的消费，这是不合理的，是需要抑制的。已有研究证实引入非国有股东能够抑制这种倾向。另外，薪酬激励是市场经济活力的源泉，薪酬市场化，业绩做得好就应该有相应的薪酬，只有这样才能留住人才，让企业做得更好。不能单纯限制高薪，这是不符合市场规律的，因而引入非国有股东能够让薪酬激励更为合理。引入非国有股东，尤其是民营股东，会特别注重成本管控（孙鲲鹏等，2021），有动力降低劳动力用工成本，员工工资的市场化也意味着降低原先过高的员工工资。处于高竞争行业的企业更加有动力优化薪酬体系设置、提高薪酬激励力度，激发企业高管不遗余力帮助企业在激烈的竞争中取胜。陈良银等（2021）的研究发现国有企业混合所有制改革提升了高管薪酬、降低了员工工资，扩大了企业内部的薪酬差距。薪酬差距的扩大是起到更好的激励作用从而提升公司绩效，还是挫伤员工积极性产生减损公司绩效的经济后果？经过中介效应的检验，国有企业混改扩大企业内部薪酬差距，发挥了锦标赛理论效应，良性的薪酬差距激励员工更加努力，最终提升公司业绩。

### 2.3.2.2 非国有股权引入对国企经营决策的影响

提升国有企业的投资效率是国企改革的痛点。过度投资要抑制，投资不足要缓解。混合所有制改革能否提高国有企业的投资效率是检验非国有股权能否发挥治理效应的绝佳情境。向东、余玉苗（2020）的研究指出非国有资本的逐利天性使其有动力监督和激励国有企业管理层、降低一类代理问题，非国有股东与国有控股大股东的博弈降低了利益攫取动机，缓解二类代理问题，两类股权资源优势互补，非国有股权能够有效抑制企业的投资过度，缓解地方国有企业投资不足问题。

企业金融化也是企业投资决策的一部分。曹丰、谷孝颖（2021）的研究从国有企业具体投资方向出发，考察非国有股东是否能发挥积极作用，引导国有企业聚焦主业，缓解企业"脱实向虚"的问题。研究发现非国有股东能够发挥治理作用抑制企业金融资产投资过度的行为，这种抑制作用在非国有股东委派董监高的情境下更为显著。为了维护自身经济利益，非国有股东有动力监督国有企业管理者减少利润操纵，而非国有资本的引入提高了国有企业的经营效率、提升了主业的经营业绩，降低了企业通过金融化弥补主业利润的动机，引导国有企业增强自身竞争优势，发展实体经济，助力国家经济健康有序发展。

在深化国有企业的改革进程中，顶层设计上一直强调作为国家经济发展重要力量的国有企业要秉持"突出主业"的原则。非国有股权的引入可以有效抑制国有企业的金融化（曹丰、谷孝颖，2021），能否基于同样的逻辑抑制国有企业过度、低效的多元化经营行为呢？杨兴全等（2020）认为理论上非国有股东的引入能够有效监管管理层的自利行为发挥治理效应优化国企多元化经营。实证检验发现异质性股权结构发挥了治理效应，而高层治理同时发挥了非国有股权的治理效应，优化国有企业多元化经营行为，有助于解决国企多元化折价困局、提高国企资本配置效果。

杨兴全、尹兴强（2018）认为国企混改提高了国有企业的治理水平，影响企业的现金持有行为。实证检验的结果显示国有企业股权融合度与现金持有水平成正比，股权融合度能够发挥治理效应，优化企业现金持有，提升企业价值，而股权多样性没有发挥同样的作用。因而在今后的混合所有制改革持续推进深化中，要注意从异质性股权引入的多样性的"量变"到股权融合、制衡"质变"的转化，优化国有企业股权结构，提高国企混改质量。

企业创新对激发微观企业活力、实现宏观经济高质量发展至关重要。混合所有制改革能否助力国有企业突破创新瓶颈、提升创新效率和企业价值是一个亟待解决的问题。朱磊等（2019）认为国有企业引入非国有股东，由于股权的多样性和制衡度会增加可以用来进行创新投入的资源，企业会增加创新行为。另外，非国有股东的引入会增强对管理层的监督，提高高管的责任意识，不再是安逸求稳，薪酬激励制度的改善也让高管有动力通过创新水平的提升为自身带来收益。实证检验发现引入非国有股权能够有效抑制大股东利益侵占动机，减少第二类代理冲突，促进企业创新。在地方国企以及竞争性行业中这种促进作用更为显著。国有企业混合所有制改革推动创新的经济后果是正向有效的，提升了企业的创新效率，提高企业价值，促进企业高质量发展。

国有企业需要改革，提升效率，提高管理者的经营能力，减少不必要的消耗。国有企业是国家建设的保障，是维护社会稳定的重要力量，是国家税收的重要来源。马新啸等（2021）研究了混合所有制改革背景下非国有股东的高层治理对企业税收行为的影响，特别关注了以前文献忽视的纳税贡献这一税收特征。实证检验得出结论非国有股东通过委派董事参与高层管理可以缓解企业的代理问题，提高企业经营管理水平、提升税收规避效率，在提高自身盈利能力的基础上，增大了对国家的纳税贡献，实现了企业与政府的双赢。

### 2.3.2.3 非国有股权引入对国企经营业绩的影响

国有企业混合所有制改革的目的是提高国有企业市场化程度，增强公司治理的有效性，最终提升国有企业的经营业绩（马连福等，2015）。非国有股权包括民营资本、外资股份，在充分竞争的市场环境中，引入不同类型的非国有股东、增加混合股权的多样性有利于提升国有企业公司业绩。民资和外资具有各自的比较优势，能够为国有企业注入活力，优化企业管理、提升经营效率。尽管整体上混合主体多样性有利于提高企业绩效，但是这种提升作用因为混合主体持股比例不同而存在差异。混合主体的深入性对公司绩效也存在影响，这里有一个最优持股比例的问题，并不是非国有股权比例越高越好。研究认为国有企业部分民营化是最优解，具体来说，非国有控股股东持股比例在30%~40%之间，公司绩效最佳。国企中，外资股权约束作用最显著，能够提升公司业绩，民营股权则很难起到约束作用。

与马连福等（2015）的研究结论类似，孙鲲鹏等（2021）也发现引入非国有控股股东能够提高国有企业的经营绩效。不同的是研究发现在非国有控股公司，外资股东的提升作用要高于民营股东，在国有控股公司，民营股东的优化作用高于外资股东。在进一步的影响机制检验中，研究认为民营资本的优势在于提高企业的收入、降低运营成本，而外资股权的优势在于改善企业出口。研究还指出引入非国有股东时要注意不能一混了之，引入一种主导类型的异质性资本才能实质性改善公司业绩。国企混合所有制改革的进程中，亦有研究发现如果国有企业中民营持股比例大于一定的幅度反而会导致国有企业经济业绩下滑（张辉等，2016）。

已有研究关于混合所有制改革对国有企业绩效影响的研究结论尚未达成一致。黄速建等（2021）认为混合所有制改革应根据企业自身功能定位、所属行业特征、外部竞争特征分类推进，应混则混，有针对性地制订具体改革方案。国有企业混合所有制改革的目的不是变卖国有股权、改变国企性质，而是要提升国有企业的经营效率。如何在保持控制权的同时，还能发挥国有股权优势、引入异质性股权制衡，达到最佳资源配置是一个值得思考的问题。在限定企业控制人属性为国有控股企业，行业类型为竞争性行业的样本中，研究发现国有股权最佳持股比例的动态区间为42%～68%，在这一区间国有资本持股对企业绩效有最大的提升作用，低于42%时，国有股权对企业绩效没有影响，高于68%则会产生负面影响，因而在这一最佳目标区间，国有股东能够保持控制权、提升企业绩效。

### 2.3.2.4 国有企业混合所有制改革的问题和应对

国有企业改革实践中一直存在着一些需要解决的问题，在混合所有制改革的进程中，如果只是引入小部分民营股权，只是形式上的"混"，作为小股东，没有足够的话语权，无法对公司经营决策产生影响。股权比例小，难以有效发挥非国有资本的优势改善国有企业公司治理，提升企业绩效。因此要加大国有企业引入非国有资本的力度，改变只"混"不"改"的形式，做到"混"股权和"改"治理同步推进，提高非国有股东的持股比例，保障非国有股东的话语权，尤其是在董事会中有一席之地，享有投票决策权，这直接决定了国企混改的实际效果。

非国有股东的治理作用主要是通过股权制衡和高层治理实现。已有文献分别检验了股权层面引入非国有股权的程度、制衡度、股权多样性对企业经营决策、公司治理、企业业绩的影响以及高层治理（委派董监高）的影响作用，研究得出的一致结论是高层治理维度的作用比单纯的股权制衡影响更为显著。因而在混改进入"深水区"时，要在加快混改进度的同时切实保障非国有股东权利的行使，进一步释放国有企业的活力、提高企业经营效率。在分别检验股权参与和高层参与影响作用的基础上，向东、余玉苗（2020）还发现非国有股权治理能显著提升高层参与治理，而高层治理在股权治理和国有企业投资效率间起到了部分中介作用。也有文献发现股权结构实现多元化并不是公司治理改善和企业健康持续发展的充分条件，即使是非国有股权派驻董事、参与决策，如果缺乏制度规范，也不能够实质性地制衡控股股东，提升企业绩效，反而可能引发控制权争夺，影响决策效率（郝云宏、汪茜，2015）。

在地方国有企业改革实践中，非国有股东积极参与、地方政府财政富裕、财政支出少、地区失业率低、市场化水平高时，非国有股权的持股比例以及董事委派比例都会相应提高。非国有股东对地方国企监督作用发挥空间较大，能够更显著地抑制企业金融化（曹丰、谷孝颖，2021）、提高国有企业创新效率（朱磊等，2019），因而国有企业改革绝对不能"一刀切"，要根据企业不同性质、所处行业特征、不同层级具体问题具体分析，分类分层推进混合所有制改革。

## 2.3.3 国有股权参股的影响研究

### 2.3.3.1 国有股权参股对民企经营绩效的影响

在我国，国有股权可以是国有企业这样的实体存在，也可以是国家财政部门这样的机构，还可以是国家背景的投资基金。在非国有企业中，国有股权是政府对企业的投资，在企业中享有股份，可以行使股东权益。张铄、宋增基（2016）研究发现国有股权有效提升民营企业家在企业投资、创新上的意愿，增强信心和动力进行技术创新和企业扩张、实现企业的可持续发展。国有股东代表政府，企业引入国有股权，人民会自然产生信任，这是声誉保证。商业往来需要信誉，这是无形资产，国有股东更能够准确把握大政方针、宏观战略部署，促进民企发展。

陈建林（2015）的研究发现家族企业引入国有股权可以提高企业业绩。文章中作者认为国有股权对非国有企业业绩的影响取决于国有股权参与的程度。家族所有权存在缺陷，引入国有股权形成互补，提升业绩。

韦浪、宋浩（2020）以民营企业引入国有股权后对企业现金持有的影响为切入点，检验国有股权参股是否能够发挥多元股权的治理效应。研究结果表明，国有股权比例与民营企业现金持有水平显著负相关，进一步的检验发现国有股权降低民营企业现金持有体现了治理效应综合作用的结果，国有股权优化了民营企业的现金持有，带来了民营企业价值的提升。

总体而言，已有研究得出一致结论，民营企业引入国有股权能够提升企业绩效。民营参股虽然同属同性质股权，企业间的资源、治理水平互补也能够提升了民企的盈利能力。民营股权参股国有企业使其更具市场活力，激发国企竞争意识，提高国企经营业绩。即异质性参股股东更有利于提高经营绩效，在改革中需要发挥异质性股权的治理作用，避免不同性质股权混合治理可能引发的低效率。

### 2.3.3.2 国有股权参股对民企创新的影响

在已有国有股权参股民营企业"逆向混改"视角文献中，研究成果最为丰富的领域是民营企业引入国有股权对企业创新的影响。与国有企业引入非国有资本对企业创新的影响未取得一致结论不同，民营企业引入国有股权对企业创新的影响结果结论基本一致。罗宏、秦际栋（2019）以2009～2016年家族上市公司为研究对象，实证检验国有股权对家族企业创新投入的影响及其作用机制。研究结果发现国有股权参股提升了家族企业的风险承担能力、提升了家族企业创新投入的意愿，可以给家族企业带来宏观层面的声誉担保，最终有效提升了家族企业的创新绩效。

同样基于民营企业创新视角的研究，邵云飞等（2019）对民营企业引入国有股权参与混合所有制改革能否促进企业创新的问题进行了验证。文章以2012～2016年民营企业上市公司为研究样本，实证检验非控股国有股权能否促进民营企业的创新投入和产出以及不同的制度环境下国有股权对民营企业的创新投入及产出是否存在差异。研究结果显示民营企业引入国有股权可以显著增强企业参与混合所有制改革的积极性和创新意愿，促进企业加大创新投入强度。政府支持的信号效应可以为民营企业带来更多技术领先的合作者，共同参与研发，提高企业的创新投入产出。发展相对落后地区的民营企业引入国有股权更能促进企业创新投入，而相对发达地区的民营企业引入国有股权在企业创新产出的增强作用更为显著。

尽管已有文献对创新有不同的衡量方式，使用不同数据，但得出了一致的结论即民企混改可以促进创新。邓永勤、汪静（2020）的研究以及罗宏、秦际栋（2019）的研究发现国有股权参股增加了家族企业的创新意愿。研究同时发现另一条作用机制，即国有股权参股提升了家族企业的风险承担能力、提升了家族企业创新投入的意愿，在意愿和能力的共同作用下最终有效地提升了家族企业的创新绩效。杜善重（2021）的研究基于股东治理的视角认为家族企业中的非家族力量能够通过策略持股、股东委派提升家族企业风险承担能力、降低家族企业二类代理成本、优化组织冗余配置进而增加家族企业创新投入。区别非家族股东的治理作用差异性检验结果表明国有股东对家族企业创新投入的提升作用最为显著，机构投资者次之，而民营股东以及外资股东则无法对企业创新起到促进作用。

邵云飞等（2019）认为国有股权具有信号效应，能够为民营企业带来合作伙伴、技术人才等创新资源。他们的研究把"创新"细分为"创新投入"和"创新产出"，并结合制度环境考察市场化程度的不同、国有股权对民营企业创新影响是否存在差异。而竺李乐等（2021）的研究把"创新"细分为"整体创新能力"和"突破性创新能力"分别检验，肯定了民营企业整体创新能力高于其他所有制企业，也用数据说明民企的突破性创新能力有待提高，而国有股权能够显著提升民营企业的两类创新能力，这种提升不仅受到企业所在地区经济发展程度的影响，企业所处行业竞争形势不同、国有股权持股比例不同，民营企业的创新能力以及国有股权的效应也相应存在差异。

外部环境对企业创新等决策行为具有重要影响，制度环境越好，民营企业的整体创新能力和突破性创新能力越强（竺李乐等，2021），国有股权对民营企业创新产出的推动作用越强（邵云飞等，2019），制度效率高的地区，信息透明度更高，非家族股东发挥的监督制衡效应更为显著，更能够有效助力家族企业创新投入的增加。外部环境不断变化，经济不确定性增强，企业出于安全会减少投资、降低创新投入，而国有股权是坚强后盾，民企抗风险能力增强，可以不再减少创新投入（罗宏、秦际栋，2019）。

创新投入是保障民营企业持续发展、维持竞争优势的重要一环，相关文献研究结论显示民营企业引入国有股权激发了企业创新活力、创新意愿，显著提升创新效率、提升创新绩效。已有研究发现民企混改可以促进创新、提升业绩，这检验了民企参与混改的效率，增强企业家投入混改的意愿。

### 2.3.3.3 国有股权参股对民企其他决策的影响

莫小东（2020）研究指出国有资本参股民营企业整体上提高了企业的投资效率，这种提升作用在市场化程度不高、资源市场化配置效率较低的中西部地区发挥得更为明显。区分国有资本来源的检验发现中央层面的国有资本对民营企业投资效率的提升作用更为显著。与莫小东（2020）研究类似的是，李增福等（2021）的实证检验进一步证实国有股权对非国有企业投资效率的提升在资本密集型企业、民营经济发展程度较高地区更为显著。

在混合所有制改革的背景下，徐炜等（2020）利用家族企业国际化这一战略决策场景检验民营企业引入国有股东是否具有积极影响。实证检验发现国有股权参股提高了家族企业的抗风险能力，帮助家族企业实现国际化战略。钱爱民、吴春天（2021）的研究从商业信用这一具有市场化资源配置方式的视角出发验证作为民企利益相关者的国有股东能够发挥监督约束效应，改善公司治理，提高会计信息质量。民企由于经营规模不同，融资水平存在不同，市场地位强，话语权大的企业可以要求客户提前支付，而没有竞争优势的企业常常被拖欠货款，加大资金压力，供应商集中且稳定的民企资金有保障；反之资金问题严重，引入国有股权在这两类企业作用都是不同的。进一步的研究中文章探究了最佳股权结构，结论指出保留民营企业控制权，发挥民企的效率优势最有利于企业的长远发展。

民营企业跨所有制并购是民营企业参与混合所有制改革的形式之一，引入国有资本增强了积极纳税的意愿和能力，有利于抑制其税收规避行为。进一步研究还发现民营企业跨所有制并购是基于企业自发的市场行为。刘昕、潘爱玲（2020）的研究从跨所有制并购对民营企业避税的视角验证了混合所有制改革背景下，国有股权的引入能够完善民营企业治理机制。同样基于跨所有制并购的视角，赵子坤等（2017）的研究验证跨所有制并购有效提升并购绩效，提升作用在异地并购和专业化并购中更为显著。跨所有制并购也是民企参与混改的一种形式，具有信号效应以及内部监督效应，能够有效促进民营经济的高质量发展。

### 2.3.4　文献述评

现有混合所有制改革研究文献大多聚焦于国有企业，重点检验"国企改革式"这条混合所有制改革的主线，检验国有企业引入非控股非国有股权的经济后果、影响因素和传导机制。已有文献研究显示国有企业引入非国有股权形成合理制衡的多元股权结构（郝云宏、汪茜，2015），企业经营目标明确、内部控制质量进一步提高（刘运国等，2016）。非国有资本所有者基于逐利天性、盈利动机积极监督管理层，提高国企高管薪酬业绩敏感性（蔡贵龙，2018），从而完善了国有企业高管监督激励机制，显著促进了企业的创新活动（李文贵、余明桂，2015）、提高了国有企业的并购效率（逯东等，2019）、投资效率（向东、余玉苗，2020），有效抑制国有企业的金融化（曹丰、谷孝颖，2021），抑制国有企业税收规避的同时增大了企业的纳税贡献实现了"国""民"共进（马新啸等，2021）。也有学者研究认为，如果国有企业中民营持股比例大于一定的幅度可能会导致国有企业经济业绩下滑。

民营企业引入国有股权参与混合所有制改革的经济后果的文献尚处于起步阶段，"民企发展式"这条混合所有制改革的重点线路也不容忽视。已有文献更多是聚焦民营企业引入国有股权对企业创新的影响（罗宏、秦际栋，2019；邵云飞等，2019；邓永勤、汪静，2020；竺李乐等，2021），也有文献以家族企业国际化为切入点检验混合所有制改革能否助力以家族企业为代表的民营经济健康发展（徐炜等，2020）。国有股权参股能否提升家族企业并购效率，这一问题还没有答案。

混合所有制改革最直接的表现就是股权结构上引入其他类型资本，发挥异质性股权的参与治理作用，要想达到预期的政策效果不仅要求其他类型股东从形式上参与，更要"合"在治理，真正提高异质性股东参与发声的积极性、保障非控股股东参与的实际影响能力、使其真正有效地参与企业生产经营管理、重大战略决策，具有对企业经营决策实质的话语权，形成相互制衡的股权结构、激励相容的约束机制，使企业决策不再是"一言堂"，形成治理效应，科学决策。在国有企业混合所有制改革文献中，参股股东的"股权制衡"作用得到了深入的挖掘。研究发现异质性参股股东能够对国有控股大股东起到有效制衡，提高内部治理水平，提升管理决策效率，在一定程度上发挥治理效应。国有企业引入非国有股东可以提高企业公司治理水平，提升经济绩效。目前民营企业引入国有股权发挥异质性股权的制衡作用的文献并不多见，只有赵晓阳、衣长军（2021）的研究基于"股权制衡假说"研究发现国有股权能够有效抑制民营企业金融化倾向。

基于此，本书旨在探讨国有股权参股对家族企业并购倾向、并购绩效的影响，以家族企业并购为视角检验民营企业参与混合所有制改革能否产生积极的经济后果。国有股权参股如何影响家族企业并购倾向，是增强了家族企业代际传承意愿、提升家族企业并购意愿，发起了更多的并购？抑或是基于"股权制衡效应"假说，在并购目标选择、并购过程监督中发挥制衡效应、在一定程度上抑制控股家族出于侵占动机发起的并购，减少了家族企业关联并购、非效率并购？在检验国有股权对家族企业并购倾向影响的基础上，本书进一步研究国有股权参股对家族企业并购绩效的影响。国有股权具有治理效应能否破解"并购绩效之谜"，通过降低并购溢价、提升企业内部控制水平，最终提升家族企业并购效率、实现价值创造的并购，从而推动家族企业转型升级、高质量可持续发展。

# 3
# 理论基础

## 3.1 家族企业研究相关理论

### 3.1.1 代理理论

代理理论认为企业所有者和管理者之间代理问题存在的主要原因是利益冲突和信息不对称。已有研究发现家族企业因为所有权和经营权的高度集中，极大地降低了第一类代理问题，这也是为什么在家族企业发展最早期取得巨大成功的重要原因（Jensen & Meckling，1976）。所有权集中在彼此具有特殊血缘关系的决策型代理人手中，这种"私人属性"可以确保他们不会通过额外津贴、资源低效率配置来侵占其他所有者的权益。从模型可以推断，随着所有权与经营权重合程度的上升，代理成本会不断降低。一种极端的情况是，如果企业完全由单一所有者经营，那么就不存在代理成本。相关实证研究也证明了家族企业的第一类代理成本更低。

如果委托代理关系中受托人与委托人目标不一致形成的代理成本是第一类代理问题，那么控股股东和中小股东之间的利益冲突则是第二类代理问题（La Porta et al.，1999）。在所有权比例较为集中的现代企业，控股股东对中小股东的利益侵占引发利益冲突是更为突出的矛盾（Dyck & Zingales，

2004）。中国法治体系依然在不断完善中，投资者保护力度仍有待加强，违法成本依然较低，因而大股东侵占问题成为中国资本市场监管和公司治理完善的重中之重。控股股东享有的"权"和实际应得的"利"越不对等，企业控股股东利益侵占程度越严重。经典文献中对二类代理问题的研究都得出了一致的结论，即控股股东可以通过较小的现金流权获取较大控制权，两权分离程度越高，大股东利益侵占问题越严重（La Porta et al.，1999；Bae et al.，2012）。

家族所有权的高度集中不仅赋予家族控股股东股票分红的"利"，同时赋予他们在公司发声的权利，可以在影响公司决策的重大事件、经营管理、投融资选择上行使投票权（voting rights）。投票权赋予股东支持或反对董事会成员人选以及对公司重大事件，关乎企业生存发展的重要决策的投票表决权。投票权数量的阈值具有重要参考意义，直接决定了各方博弈势力能否左右投票结果。由于信息不对称的不可逆以及中小股东存在"免费搭乘"行为，也因为发声权力很难获取，或者即使发声也左右不了最终结果，多数中小股东散户往往放弃投票权，大股东作为内部人是公司的实际控制者。现金流权（cashflow rights）指根据公司创立之初或后来商定的股东按出资比例确认分红份额。控股股东之所以有能力发挥侵占效应是拥有公司经营决策话语权，与此同时因为现金流权是分红依据，控股股东无法获得和投票权相等的分红份额比例，这自然造成了在公司内部"权"大于"利"的现象。研究和现实实践都显示超额控制权往往存在于"金字塔"式股权结构的企业。在制度效率低的地区和融资困难的企业中，大股东更倾向于设法构建金字塔式股权结构，形成多层级、很复杂的控制链条，主观上加剧两权分离的程度，达到扩大控制权、谋取控制权私有收益的目的。控股股东与中小股东之间不仅权利不对等，利益分配也存在非对称性（La Porta et al.，1999；Claessens et al.，2002），因而只能不断地改进外部制度环境、加强法制建设，完善公司内部治理，才能实现权与利的基本对等，消除利益侵占的先决条件。家族企业内部结构、股权形式、发展前景也在不断变化，家族控制权较低、引入职业经理人、去家族化都降低了控股家族的侵占能力。经济形势向好、违法成本加大、媒体监督加强、投资者保护增强会减少控股家族的侵占动力。

家族企业拥有集中的控股权，家族财富与企业价值密切相连，控股家族有强烈的动机监督管理层，也有足够的能力了解企业、收集信息、降低信息不对称。而且，控股家族可以通过直接任命家族成员担任公司高管，降低第一类代理问题。然而，集中的控制权给予控股家族谋取控制权私有收益的能力和动机，这种利益侵占在投资者保护力度弱、公司治理环境差的地区尤为严重。

综上所述，基于代理理论的研究认为家族企业的第一类代理问题（股东与经理人之间）较小，而第二类代理问题（家族股东与中小股东之间）较为突出。

### 3.1.2 资源基础理论

《企业成长理论》一书中最先提出企业是一系列资源的集合体这一概念，开启了资源基础理论研究的序幕（Penrose，1959）。处于同一行业中的企业具有不同的成长态势，追根溯源企业间的资源禀赋差异是企业维持恒久竞争优势、获取超额利润的核心（Wernerfelt，1984）。企业的专有性资源也是企业减少对外部环境依赖的基础。后续研究聚焦资源特性、建立理论框架，进一步解释资源是指"由企业拥有或控制的所有资产、人力、信息、知识储备、组织能力和企业特质"（Barney，1991）。企业内部的资源是指那些具有稀缺性、不宜模仿、无可替代的具有价值的有形和无形的资源。这些企业的异质性资源是企业构筑竞争壁垒、获取高额利润的关键，也是企业战略选择的重要基础。企业组织能够实施差异化战略的逻辑起点在于自身拥有独特资源、组织经验以及整合管理这些资源的能力。企业处于同一行业，甚至是同一地区，生产同类产品，几年经营下来，结果各异。究其原因，存在资源禀赋差异，拥有不同的资源，以及运用资源的能力不同。这是有些企业可以获取超额利润的关键。企业内部拥有专有性资源，就降低对外部资源的依赖。内外部资源的综合运用让企业具有恒久优势。

基于中国本土资源情境与管理实践研究，有学者提出，家族主义文化和家族内部网络、企业集团能为企业发展带来各种资源上的独特竞争优势，诸如家族内部强大的凝聚力产生的人力资源和极其高效的组织调配能力。另一些学者却指出家族主义文化过度强调自己人和外人，排斥家族外部的优秀人力资源、发展壮大所需金融资源，家族网络的封闭性、排外性会导致企业丧失持续增长和跨越性发展的机会。

竞争性资源是企业从外部交易购买获得企业生产必须具备的资源，比较购得这些资源的费用消耗与企业内部生产成本发现两者基本持平。非竞争性资源指的那些是无法从外部交易中获得，或者在企业内部自行生产成本更低的资源。在不断比较衡量企业内部长期积累所形成的非竞争性资源和外部交易获取的竞争性资源之间的相对成本，由此构成企业的边界。企业的非竞争性资源依存于企业内部，伴随着企业的成长发展不断累积，俨然一个存量概念，在日积月累中企业的边界相应延伸扩展。然而当企业原本的护城河渐渐消失，企业核心产品、主营业务被其他企业模仿、替代、创新、超越时，这样企业就不再是引领者，很容易被市场淘汰，或者只是微利经营，勉强维持，企业的边界也会相应收缩。

新创企业在创业之初面临资源桎梏，利用手边资源突破资源禀赋限制，在特定的创业情境中，企业家精神、资源配置效率发挥了重要的作用。家族企业进一步发展壮大时需要在外部并购扩张和内部资源积累之间做出选择。规模较大的家族企业采取并购这种外延式成长方式，可以避免较短期间内企业边界调整的时滞效应对企业异质性资源能力发挥的制约，迅速实现企业间资源互补的协同效应，从而为企业挖掘新的增长点，找到新的战略定位和发展潜力。中小型家族企业由于自身缺乏核心竞争力，企业边界的可变化幅度不大，受到自身规模的限制，内部经营活动较少。依然局限于内部积累阶段，企业更多通过自身成长、不断累积实现进一步发展。事实上，规模较小的家族企业自身人力资源、管理协调人才有限、既有资源基础、财力、组织能力欠缺，也很难有其他的成长方式可供选择。

资源基础理论长久以来广泛应用于企业国际化研究（Peng，2001）。家族企业在国际化的过程中面临更为独特的挑战，家族企业资源相对有限，缺乏足够的人才储备（Chrisman et al.，2013）。然而家族企业新一代接班人大多有海外求学、工作的经历，能够通过招募不同背景的董事会成员以及跨代经营弥补这一资源不足问题（Miller & Le Breton，2006）。如果董事会成员来自外部，相对独立，在家族企业国际化进程中可以成为引入外部资源的沟通渠道（Arregle et al.，2012）。

专用性资源可以帮助公司获取竞争优势、赢得可持续发展，是企业最具价值的异质性。当企业逐步进入成长阶段，拥有一定资源，不再局限于资源拼凑，在技术创新等方面拥有主动权，为保持竞争优势、促进企业可持续发展积极寻求打破技术壁垒、助力企业实现价值增值。而当企业进入成熟期，企业管理者会提高政策感知能力、寻找新的市场机会、构建组织战略联盟，因而寻求异质性资源，提高企业核心竞争力、实现产业转型升级是家族企业并购的主要动机之一。

### 3.1.3 社会情感财富理论

社会情感财富（SEW）这一概念，是指家族从企业获取的情感禀赋——对非经济目标的追求，这是分析家族企业本质最重要的理论基础（Gomez-Mejia et al.，2007）。家族所有权赋予家族企业独一无二的特性，与其他类型企业所有者相比，家族所有者具有非经济利益的偏好，包括拥有企业的心理满足与归属感、与一手缔造的企业的情感联结、保持家族控制的诉求、代际传承家族文化的延续、家族特有社会资本的维护以及对家族成员的利他主义考量（朱沆等，2012；陈凌、陈华丽，2014）。

社会情感财富理论能够很好诠释家族行为的特殊性。如果仅仅从企业视角出发，理论无法解释为什么面对更好的投资机会、发展机遇，企业主会选择放弃这种非理性决策的原因。虽然对一般创业者来说，控制权也是比较难以割舍的，但是面对高额经济利益，就不再犹豫。家族创业者宁愿承担一定的经济损失，控制权成为家族企业战略决策的首要参照点。由于财富集中，一旦企业经营遇到问题，家族财富就随之消逝，从而家族企业主不轻易接受外来资金，担心家族控制被削弱，从而损害家族的社会情感财富。

行为代理模型的核心思想是企业的战略制定者的决策目标是维护和增强自身在企业积累、沉淀的资源禀赋。如果企业的一项战略决策会威胁家族现有的 SEW、降低家族地位，即使不实施这项战略可能会增加企业的经营风险，决策者基于 SEW 损失的厌恶，也会规避这项战略决策。这是 SEW 理论的特殊之处，即家族企业决策并非完全基于经济逻辑。

社会情感财富内涵可以划分为三个维度：强烈的情感导向、家族涉入对家族企业文化的影响和利他主义（Gomez-Mejia et al.，2011）。后续研究增加了另外两个维度即家族社会关系以及代际传承。社会情感财富使家族企业独树一帜，表现出积极的一面，过度追求则产生消极作用。家族对外的排斥，造成企业人才匮乏，企业无法维持发展态势。家族成员对企业过于依赖，社会情感财富可能成为家族成员的情感负担，增加了家族的情感收益却不利于企业经济效益，从而损害家族外人员利益。国内学者窦军生等（2014）通过对中国家族企业的慈善捐赠行为的研究实证验证了这一观点。

社会情感财富的不同维度对企业行为决策的作用存在差异。以研发决策为例，从家族控制维度出发，控股家族为了规避社会情感财富损失会减少研发投资（陈凌、吴炳德，2014；Gomez-Mejia et al.，2014），而基于家族跨代传承维度的考量，家族企业跨代延续的意愿则会提升家族企业研发投入意愿，促进企业从事更多的研发活动。

为了解决社会情感财富不同维度的作用差异引起的冲突，有研究引入了混合博弈（mixed gamble）模型，将一项企业决策可能的收益和损失进行权衡，在这个混合博弈模型下分析家族企业的研发决策，可能存在这一维度社会情感财富的损失，也可能会获得另一维度社会情感财富的收益，因而在决策时需要综合权衡不同社会情感财富的损益最终做出决定。就研发投入而言，研发成功会为企业带来持续的竞争优势、增加企业未来的社会情感财富，但研发结果存在极大的不确定性，未来的社会情感财富收益只是或有收益（Gomez-Mejia et al.，2014），而整个研发过程需要引入外部创新人才和创新所需的经济资源，这必将削弱家族对企业的控制，由此产生的社会情感财富损失是确定的。因此这种情境下，经过权衡，家族决策者更倾向于规避确定的社会情感财富损失，从而减少研发投入。

混合博弈模型将不同维度的社会情感财富纳入决策者的权衡过程中，考虑到了不同维度社会情感财富对家族企业战略的作用差异，然而局限性在于混合博弈模型假定家族企业决策是短期导向的。研究进一步推进，将社会情感财富分为两类，一类是约束型（restricted）社会情感财富，强调家族短期的非经济利益诉求，更加重视家族控制、家族自身利益，企业战略相对保守、缺乏创新意愿，可能会带来单边利他主义、产生裙带关系以及内部管理问题，最终降低企业绩效、损害家族长期社会情感财富（Miller et al.，2014）。另一类是延伸型（extended）社会情感财富，认为家族企业具有长期导向，强调重视家族企业外部的利益相关者，珍视家族声誉、维持企业与上下游合作伙伴的持久关系、保持在所在社区的良好形象和持续贡献，强调家族和内外部利益相关者的共赢、利益兼容，最终有利于企业的长期发展、提高企业绩效。

保持家族对企业的控制是约束型社会情感财富的核心维度（Berrrone et al.，2012；Gomez-Mejia et al.，2007），在中国儒家传统文化背景下家族权威、家长式领导受到更多重视（陈凌、吴炳德，2014）。延伸型社会情感财富最重视的是跨代传承，只有企业长期存续、不断发展才能实现延伸型社会情感财富（Miller et al.，2014）。重视延伸型社会情感财富的维护促成了家族决策者的长期导向思维，更加具有包容心理，减少排外思维，重视维护员工权益，采纳其他股东建议，承担社会责任，为所在地区发展做贡献。在中国情境下，子承父业、家业的延续、跨代延续家族控制激励决策者具有长期导向、驱动企业进行长期战略投资，不仅仅局限于短期利益。企业寻求更长的生命周期、更持久的市场地位，为增强企业的长期核心竞争力、环境适应能力加大研发投入，采用并购这种外延式发展模式。

社会情感财富理论是基于家族企业实践探索形成的理论，改变了之前家族企业研究借鉴经济学、管理学以及组织行为学已有理论的状况，从家族企业双元目标出发，提出家族企业的异质性在于追求除物质财富增长之外的情感禀赋，从根源上解释了为什么家族企业具有不同的决策行为，成为分析家族企业战略、社会责任、研发支出、投资战略等决策的重要理论基础。

## 3.2　并购研究相关理论

### 3.2.1　协同效应理论

协同效应理论阐述了这样的观点：并购之所以发生是因为企业要实现协同目标，互通有无，提升公司价值（Ansoff，1965）。早期研究认为并购会使并购公司和目标公司产生协同效应，管理者发起并购的最大动机是为了实现股东财富最大化。企业通过并购获取稀缺资源和专有技术、实现规模经济、提升市场势力，以应对行业冲击。效率理论认为企业开展并购是为了实现协同效应，能否实现价值创造取决于并购方和目标方在战略、运营方面的协同度，如果能够互补实现"1＋1＞2"的效应，则可以实现并购价值创造。市场力量理论则认为并购是由于外部市场利益驱动，通过并购可以实现企业市场地位、影响力的提升以及进入新的市场。翟进步等（2010）的研究发现企业旨在通过发起并购应对激烈的外部市场竞争，实现企业自身快速成长、产品转型升级以及公司持续盈利。并购是可以提高企业价值的战略协同行为（唐建新、陈冬，2010），协同效应是并购价值创造的根本来源（Jensen，1984）。拔靴效应（bootstrapping effect）认为，公司治理较弱的收购方通过收购治理水平较高的公司，改善了自身公司的治理水平，提升了公司价值，带来了正的协同效应。

协同效应也是家族企业并购的目标之一，但是对家族企业来说，他们更倾向于物质资源的协同整合，而相对排斥管理团队、管理能力的协同，因为对家族企业来说家族控制权是极力追求的非财富目标。

## 3.2.2　代理理论

追溯委托代理理论的起源最早可以在亚当·斯密的《国富论》一书中找到论断。委托人（principal）将股东财富交由受托人（agent）管理，因为经济人存在利己心理，不可能做到绝对的大公无私，两者目标不一致，懈怠和浪费则不可避免。伯恩和米恩斯在1932年提出了经营权与所有权两权分离学说，他们提倡两权分离、认为两职合一存在许多问题。詹森和麦克林（Jensen & Meckling，1976）让委托代理这一概念发扬光大，现在我们学习的委托代理理论经典文献就是这两人的代表作品。早在20世纪80年代他们就提出了委托人和受托人之间形成了一种契约关系，各自存在不同的利益诉求，根据契约制定的条款履行各自的职责，并按照履行情况分配收益。委托人期望的是代理人可以为实现他的财富最大化不遗余力，而代理人自然只会站在自身的视角期待以最少的付出获得最大的报酬，能够有尽可能多的闲暇和享乐，两者注定存在利益冲突。如何缓解由于委托代理关系产生的双方之间的冲突，在两方利益中需求一个最佳平衡点，是委托代理理论研究的核心。这里就引出了最优契约，如何设置行之有效的契约激励代理人减少在职消费、谋取私利并努力工作，薪酬契约、股权激励、员工持股计划都是基于委托代理问题而产生的解决方案。然而因为信息不对称的存在，所有的激励方式都存在一定的局限性。薪酬业绩敏感性旨在促进经理人更加勤勉地工作，然而出于自利动机，经理人存在利用信息优势、粉饰财务业绩，以提高自身薪酬的自利行为。

在信息不对称存在的情况下，经理人实际的付出或懒惰不易被观测或者无法被量化。具体到并购，并购交易极其复杂，这其中每一个环节都需要经理人尽职尽责、认真仔细搜寻目标企业信息，耗费时间精力理性权衡每一个投资决策，而这背后的付出一般无法被股东观察到，无法量化所有并购前的尽职调研、前期谈判，因而自利的经理人很容易产生"偷懒"心理，不愿意承担失败风险大、业务状况复杂的并购活动。有学者指出企业实施复杂的并购投资活动，经理人的工作量自然会加大，原本规律安逸的生活就会被打断，而可能获取的个人收益却并不明确。失败所要承担的责任和风险是确定的，为了自己的声誉，也为了一直以来工作的企业能够真正实现并购协同效应，经理人需要加强学习，包括并购经验学习，肩负并购交易的协调、监督、管理重任。并购涉及金额巨大，经理人需要更加勤勉的监督，即使是这样也有可能无法避免最后的并购失败，并购存在太多的不确定性，并不是付出就一定有回报，私人成本过高，经理人会利用自己的信息优势放弃一些即使净现值为正的高风险投资项目。只有通过将并购的未来收益和经理人个人财富关联，企业才能激发经理人的风险承担意愿，通过并购实现公司股价提升既而带来个人财富增加的期权激励会缓解并购活动中的第一类代理问题（王姝勋、董艳，2020）。

企业实施并购，期待产生协同效应，实现财富增值。然而并购实践中大多数并购结果都有损于股东价值，深入的研究发现归因于并购引发的代理问题，即管理者发起价值毁损并购的动机在于利用复杂的并购活动这个契机设计有利于自己薪酬计划，通过表面的企业规模扩大获得更高的职位、更丰厚的薪酬。为了促使并购成功，他们不惜以损害股东利益的代价达成交易，支付更高的并购溢价。由于所有权和经营权分离，管理层签订薪酬契约，只是享有相对固定的年薪，并购成功为股东财富创造带来的巨额增值是管理层无法获取的。与管理者息息相关的是并购能为其个人带来多少经济收益、地位提升。综合权衡之后如果并购能为管理者带来更高的薪酬，公司规模的扩大能提升高管个人的社会地位影响及声誉，更多的权力带来更大的寻租空间，这些便促使高管有动机通过并购活动来建造有利于自己的组织体系，从而建造个人帝国（Shi et al.，2017）。因而可以预见复杂的并购交易为管理层提供了更大的机会主义的空间，进一步加深了第一类代理问题，股东处于信息劣势，并购稍有不慎，就会造成财富的巨大损失。

激烈的产品市场竞争给予管理层生存压力，有助于降低并购活动中高管的代理行为，并购更多是基于公司自身发展诉求因而能够最终提高公司价值（Hoberg & Phillips，2010）。此外，分析师跟踪与关注也能够显著减少公司高管出于私利发动的价值毁损型并购（Chen et al.，2015）。面临严重融资约束问题的企业，本身缺少用于实施并购的资金，筹资困难的客观条件降低了公司高管主观上通过并购获取私有收益、建造个人帝国的可能性。张鸣、郭思永（2007）以中国上市公司为样本研究发现，公司管理层掌握了并购的决策权，有强烈的动机通过并购增加自身的薪酬收益以及控制权收益。中国上市公司管理层一般具有比较大的决策空间，有能力通过并购活动谋求更高的薪酬以及在职消费，而不同产权性质下，管理层的权力大小是有差异的，管理层高管薪酬的变动幅度也是显著不同的。

代理问题不仅存在于管理层和所有者之间，并购中的财务顾问与主并企业存在利益目标上不同的诉求，财务顾问在尽职调查中存在不作为的机会主义懈怠，也可能基于自己盈利的目的，促成价值毁损的并购（宋贺、段军山，2019）。

## 3.2.3 管理者过度自信理论

管理者往往会由于过度自信做出非理性并购决策（Roll，1986），高估自己的能力以及目标公司未来可能产生的收益，低估并购风险，最终为并购交易支付了更高的价格，从而损害了公司价值。管理者过度自信问题在全世界各国都普遍存在，过度自信与企业并购倾向正相关，与最终的并购绩效负相关，这一结论得到不同国家数据的验证。以美国数据研究发现管理者过度自信与公司并购活动显著正相关，研究支持了罗尔（Roll）的过度自信假说（Malmendier & Tate，2008）。并购过程中，企业不仅需要足够的资金支持、对目标企业合理估值，还要承受可能被反收购的风险，因而并购决策也印证了管理者的风险偏好，过度自信的管理者并购倾向更高。过度自信容易高估并购的投资回报，承担更高的并购风险，并购收益更差。

管理者过度自信降低连续并购绩效。研究表明如果公司第一次并购失败后期可能会取得更好的并购绩效。并购失败让管理层增强学习意识，深究失败原因，寻找自己在管理经验、管理能力上的不足，以及所在企业内部经营、管理、人员培训、业务能力上需要提高增强的地方，而并购失败也会给管理者个人带来职业危机，只有更加勤勉，提高公司业绩才能弥补并购失败给企业带来的损失。与之形成强烈对比的是第一次并购就获得巨大成功的企业，管理者倾向于把并购成功的原因更多归因于个人能力，成功会促使管理过度自信，权力膨胀也会令管理者停止学习，不去总结并购中存在的问题，放松并购之后对公司的管理，降低公司治理水平，形成长期并购绩效下降的局面。管理者过度自信提升了并购概率，增强董事会独立性也无法起到抑制作用。只有董事长和总经理两职分离的公司治理结构能够降低出于过度自信驱动的并购倾向。

大多数研究都认为管理者过度自信和并购业绩负相关，而余明桂等（2013）从风险承担的角度提出了不同的观点，认为管理者过度自信在企业投资决策中的作用并不完全是负面的，管理者过度自信提高了企业风险承担能力。过度自信的管理者提高了企业实施并购的可能性，过度自信并没有影响管理者在并购类型选择上的理性决策。过度自信管理者选择的并购类型不同，其并购后的绩效亦不同，基于这一逻辑，宋淑琴、代淑江（2015）研究发现管理者过度自信显著降低了并购后公司的财务绩效和市场绩效。与非相关并购绩效相比，相关并购的并购绩效较好，因此管理者过度自信在不同并购类型中对并购绩效的影响是存在差异的，相关并购中管理者过度自信显著提高了并购绩效而非相关并购中管理者过度自信则显著降低并购绩效。

# 3.3　研究主题与相关理论的有机联系

家族企业在世界范围内普遍存在，家族企业兴起原因和影响效应的理论研究和实证检验才刚刚起步。家族企业被认为是应对弱制度环境的次优选择，然而具体的制度环境约束对提升家族所有和家族管理是具有有效性还是抑制作用仍然有待检验。现有家族企业研究的话题部分集中于家族企业这种组织形式因何存在，以及其存在对企业的公司治理、战略决策有什么影响，还有部分聚焦考察家族企业绩效。大多数研究以美国上市家族企业为样本，而美国家族企业的所有权和家族管理结构有别于中国。要想厘清家族企业问题，必须明晰家族企业行为背后的理论基础以及相应的数据样本。管理学视角的家族企业研究文献颇丰，研究范围涉及文化、心理以及社会因素，而财务领域研究家族企业的学者对这些因素重视不够。

我们需要构建一个家族企业研究概念框架，分析家族企业面临的组织战略机遇以及家族所有、家族控制潜在的挑战。战略机遇与创始家族独有的无形投入息息相关，是家族专属资产，家族企业面临的挑战既源于家族内部又存在于外在市场和赖以生存的制度环境。我们尤其关注家族专属资产的变化以及外部挑战会如何影响家族持续，什么因素决定创始家族继续持有并/或管理公司，这些内外部情境变化又会对家族企业战略决策尤其是并购投资决策产生什么样的影响。

代理理论是用以分析家族企业治理效率和公司业绩等问题最重要的理论基础之一。在统计分析高被引家族企业文献时发现，48% 的文献是基于代理理论的视角（Chrisman et al. , 2010；李新春等，2021）。由于家族成员内部的利他主义倾向，共同的血缘亲情把他们联结起来，目标一致，尤其在企业创立早期，家族控制发挥了监督效应，降低了代理成本。所有权与管理权的合二为一使得家族成员倾向于为了家族的共同目标而牺牲个人时间、精力和利益，或是为了企业目标暂时降低个人诉求，这就缓解了所有权、经营权分离所带来的代理问题。另外，家族高度集中的所有权也赋予控股股东侵占中小股东的能力，致使管理层出现利益攫取行为等第二类代理问题，反映在家族控制的侵占效应。财务和战略领域研究学者通常用代理理论解释公众公司的并购发起行为。集中的所有权结构赋予控股大股东足够的监督能力，降低代理成本，减少降低管理层机会主义动机并购倾向。代理理论研究学者认为投资一般会给管理层带来薪酬和地位的提升但投资失败却会为大股东带来风险、降低企业绩效，威胁企业生存，因而高度集中的所有权结构并不鼓励投资（Fama & Jesen，1983）。企业并购被认为是有益于管理者，但可能会对所有者造成利益侵害的重大投资。股权集中的企业里，大股东可以监督管理层，减少并购这类投资决策。

资源基础观也是家族企业研究的主导理论之一。家族企业特殊的治理结构、资源禀赋形成了独特的竞争优势，不仅可以扩大企业边界，还可以应对不太完善的外部市场环境。异质性资源是家族企业异军突起、创造经济奇迹、核心竞争优势的源泉。家族企业应对非正式制度情境的特殊资源、面对困境的坚韧、持久打拼的企业家精神，关联股东、企业集团形成的财务资本以及血脉相连的家族治理结构都是家族企业难以复制的资源。

科斯（1937）对企业本质的经典论述中阐述了企业家控制权的重要影响，主要机理在于通过企业家控制权实现了企业内部契约替代了外部市场契约，降低交易成本、提高资源配置效率。资源基础观认为企业的本质是一系列资源的结合体，不同企业主体的资源禀赋存在差异，这解释了同一行业中不同企业的异质性。企业提供差异化产品、独有的服务，形成自己的竞争优势。并购是企业从外界迅速获取自身缺乏的异质性资源的途径之一，企业通过外延并购扩展自身的资源边界，打破企业发展的桎梏，迅速提升产品竞争力和企业影响力。

社会情感财富理论系统地概括了家族企业的非经济目标——情感禀赋，为深化家族企业研究指明了方向。家族企业追求财富增值，还有家族特性的非经济目标追求，这是研究家族企业异质性最有力的注解。企业实施并购结果未知，家族企业是风险规避、减少并购，还是风险承担、并购意愿强，这一直是一个有争议的问题。本书拟以家族企业并购效率为视角检验对于在中国特殊制度环境下成长起来的家族企业来说，风险规避假说是否成立。

特殊所有权结构下，家族企业会采取不同的财务决策，具有自己独特的治理结构，不同的家族企业经营业绩、存续时间以及未来发展都有不同。已有的理论及研究发现控股大股东存在监督效应与侵占效应（Shleifer & Vishny，1986）两种假说，构成了家族企业治理效率的重要理论解释。而这其中在制度环境较差地区的家族企业为应对外部融资约束形成了企业集团，普遍采用"金字塔式"所有权结构，所有权与控制权的背离、现金流权和投票权处于非对称状态，最终会影响家族企业在投资、债务融资等方面形成不同于其他非家族企业的财务决策（姜付秀等，2017）。创始家族的超额控制极易产生第二类代理问题，控制权和现金流权的两权分离为控股股东利益侵占创造了可能。这为代理理论在特殊制度环境中的发展做出了重要的贡献，也成为本书研究的重要理论出发点，以中国家族企业并购效率为切入点检验家族控制权的利益侵占假说是否成立。

家族企业离不开生存的环境，宗族文化、正式制度、法律效力、社会资本的差异形成了各自迥异的家族企业。家族企业承载着所在国家和地区独有的制度和文化形态烙印。我国家族企业向现代企业制度演进不仅受到正式制度和非正式制度因素的影响（何轩等，2014；朱沆等，2016），还同时面临着制度转型和全球化竞争带来的巨大挑战（李新春等，2020）。本书将进一步考察国有股权参股对家族企业并购倾向以及并购绩效的影响，挖掘改革开放背景下成长起来的中国家族企业的决策独特性以及混合所有制改革助力下中国家族企业的可持续发展路径，检验以上理论在中国家族企业实践中的适用边界。

# 4

# 家族控制与企业并购的实证研究

## 4.1 理论分析与研究假设

中国家族企业经过 40 多年的蓬勃发展，占据了传统制造业的半壁江山，不仅在民营资本中举足轻重，也是国民经济的重要组成部分。家族企业创立之初显示了巨大的经济活力，如今中国家族企业面临代际传承和转型升级两大挑战。如何在家族控制和企业可持续发展间寻求平衡，是家族企业实践者和研究者共同关注的问题。控股家族一股独大对控制权的天生偏爱一方面在于这是家族企业传承的关键，是家族企业特有的价值观和异质性所在；另一方面也在于企业可以创造性地利用控制权获取价值、创造利润。在外部金融不发达的市场环境下，家族企业控制权的偏好是基于应对融资约束、组建内部资本市场筹集企业生存发展所需资金的考虑。

如何在持续发展壮大的过程中保持家族控制权，在企业成长与控制权维护的权衡中，大多数家族企业实际控制人选择了放弃成长以防止控制权的稀释（陈德球等，2013）。并购是一项投入大且周期长的投资活动，同时还伴随着较高的不确定性和复杂性，出于家族利益的考虑，家族企业通常不愿意实施并购。国内外学者的研究发现家族企业与非家族企业在战略决策、研发投资、企业并购上存在显著差异，长期价值导向的家族研发投入更多、并购意愿更强（刘白璐、吕长江，2018）。还有研究者发现，家族控股股东不仅通过关联交易、资金占用等方式侵占中小股东利益，在资本发达的现代社会，并购成为家族关联股东利益输送的手段，即家族大股东有意愿发起更多的并购。在股权分散的公司，管理者通过发起并购牺牲股东利益，获取投资私有收益，而家族企业股权集中，所有权与经营权集中于家族手中，这种管理模式是否会影响家族控制和企业并购决策之间的关系仍有待检验。

对于家族企业来说，是否发起并购是一个两难选择，处于代际传承、转型升级的关键时期，并购是帮助家族企业快速发展的绝佳选择，然而并购带来的组织巨变必将威胁到家族控制。家族企业不仅要考虑并购失败的风险还要权衡一旦并购成功，外来势力势必会打破原有家族的平衡。已有研究发现企业运用并购策略虽然可以实现纵向联合、使竞争对手消失、获得规模经济和更高专业化水平等好处，但作为一种重要的资本运营方式，并购的失败率较高。家族企业缺少并购专业人才，即使成功，后期整合也面临能力上的欠缺，一旦并购失败，家族多年的财富积累会随着企业衰亡而消失，对辛苦经营的家族企业主来说决策会趋于保守。

综上所述，家族企业并购倾向的已有研究尚未形成统一的结论，这可能与选择的样本数据、理论视角不同有关，对于伴随中国经济发展，迅速成长起来的中国家族企业，厘清家族控制与企业并购之间的关系、研究中国家族企业的并购动机以及并购绩效具有重要的理论意义和实践启示。

## 4.1.1 "风险规避"假说

家族企业是由自然人或家族控制的公司，其重要的特征就是企业的控制权掌握在有血缘或姻缘关系的人手中。家族企业与非家族企业的差异主要体现在三方面（Duran et al.，2015）：家族所有权高度集中、家族财富集中于企业以及追求非经济目标。控股家族在企业持股比例高、拥有决策权，有权力和能力监督管理层，由此可推断出家族企业的并购目标很大程度上受到家族控股股东的影响，以满足他们掌握公司控制权、维持家族管理及承担较少责任的意愿。控股家族大部分财富集中于控制的企业，投资的特有风险无法分散，与非家族企业相比，家族所有者有更强的降低公司投资风险的动机，投资决策更为谨慎保守。在投资偏好上更倾向于长期导向、风格固定的投资策略（Gomez-Mejia et al.，2007），家族财富的集中使家族企业在面临风险和不确定性时更加谨慎（Duran et al.，2015）。家族控制的风险规避偏好在投资决策中占主导地位，已有研究认为家族企业表现出更明显的风险厌恶，家族企业的长期投资规模小于非家族企业（陈德球、钟均珈，2011），家族控制的风险规避导向抑制了企业的研发投资（唐清泉等，2015）和多元化投资。与非家族企业相比，家族企业的国际化水平、研发投入水平也比较低（De Massis et al.，2013；徐炜等，2020）。

家族所有权的高度集中，家族和企业悠久的历史牵连使家族企业除了追求股东价值最大化的经济目标之外，还兼具非经济目标导向（Chrismanet et al.，2015），这意味着家族所有者和管理者在面临决策的时候会更重视以家族利益为中心的非经济利益目标。家族企业的首要目标是维持代际传承中的家族控制权（De Massis & Vismara，2018）、保持和内部成员以及外部利益相关者的长期关系（Zellweger et al.，2013），因此也会影响家族企业的并购行为。为了维持家族控制，家族企业倾向于维持现有技术，守住现有市场而不是去开拓新的、未知的、有风险的市场或是致力于采用新技术。

并购是企业进行的风险最大的投资行为，也是企业快速实现产品和产业结构调整、公司资源优化升级的重要战略决策，通常伴随着数额庞大的资金、复杂的谈判程序以及并购后期的整合，充满了不确定性。家族对企业控制权与管理权的掌控是社会情感财富的重要维度之一，具有极高不确定性的并购活动可能会导致控制权稀释甚至丧失，这是家族企业并购意愿不高的重要因素（Gomez-Mejia et al.，2007），而且并购会带来外部资金和人员的涉入、削弱家族对企业的控制，从而损害到家族的社会情感财富。社会情感财富的另一重要维度就是建立和维持正面的家族形象和声誉，并购失败造成的家族企业声誉损失也是情感财富的损失。企业并购和并购后的整合都需要大量的财务和非财务资源。只有经营状况良好、内部资金充足的企业才能够支持这么大的资金运作、战略实施。具有融资约束的公司，要获取外部资金支持弥补内部资金不足的途径只能是放弃所有权、控制权以及对企业的影响力。外部融资会丧失控制权，使家族企业在重大战略决策时失去话语权，而家族控制是家族企业社会情感财富的核心（Zellweger et al.，2012）。基于此，家族企业极力避免外部融资。并购需要大量的资金支持，家族企业在实际经营过程中更多依赖自身内部的现金流，家族企业内部的融资成本要低于外部融资成本，资金压力下不得不放弃一些有价值的并购项目。并购的高不确定性增加了家族企业的风险承担和资源消耗，威胁家族控制权，基于约束性社会情感财富的损失和并购资源的缺乏，家族决策者不愿开展可能使企业生存受到威胁的并购活动。

## 4.1.2 "利益侵占"假说

要理解家族企业这一市场主体的行为，必须将其嵌入具体的赖以生存发展的经济社会环境中，这是充分认识、深入分析家族企业行为决策的基本前提。中国的家族企业从诞生之初就面临着不同的市场环境、制度环境，因而西方家族企业研究的理论及结论未必适用于中国家族企业。中国家族企业较为年轻，和德国日本家族企业聚焦主业、精耕细作不同，发展中的中国家族企业存在多元化的内生偏好，以实现家族企业基业长青的目标（罗劲辉等，2021）。中国资本市场起步较晚，仍然在发展完善中，投资者以散户为主，热衷于频繁操作，企业并购极易被炒作，被别有用心的上市公司利用进行伪市值管理。有些家族企业上市仅仅是为了在资本市场逐利，进行资本运作转移资产，利用散户盲目投资的热情，炒作并购事件，推高股价，转让企业继而获得高额股权溢价。这类家族企业享有控制权私利，上市公司亏空只需承担部分损失，侵害了中小投资者的利益。

目前中国公司治理水平仍有待提高，控股股东的意志直接决定家族企业决策，中国资本市场上"并购讲故事炒高股价"的事件屡见不鲜，家族上市公司并购频发不乏此动机。由于民营企业存在的大股东控制的问题（周仁俊、高开娟，2012），大股东可以很好地控制和监督企业管理层（陆正飞、胡诗阳，2015），使得管理层与大股东的利益趋于一致。即使在管理层没有持有公司的限售股份（没有直接的减持收益）时，临近限售解禁日时，在大股东控制和监督压力下，管理层也有动机通过并购活动来支撑公司的成长性，从而助推股价上升。在限售期结束后，内部人便可从减持公司股份中获利。家族企业较多采用"金字塔"股权架构，处于顶端的家族控股股东可以以较小的现金流权获得对公司的实质性控制，因而有动机且有能力通过并购侵占中小股东利益，处于信息优势的家族股东可以在并购失败后消息公开前减持套现。

公司并购是市场经济发展的必然现象，也是实体经济做大做强的必经之路，是资本扩张和优化资源配置的重要手段。我国目前面临新旧动能转换、产业转型升级，企业并购增多，并购能够帮助企业获取优质资源，进入新的领域，但是实体经济利润单薄，企业和资本联合，刻意制造并购事件吸引个人投资者以拉抬股价，最终损害中小股东的利益（张龙文、魏明海，2019）。

综合以上分析，家族控制对企业并购存在正负两方面影响，"风险规避假说"与其家族控制和企业并购负相关，"利益侵占假说"与其家族控制和企业并购正相关，究竟何种效应占据主导，需要实证检验，因此，本章提出两个竞争性假设：

假设1a：基于"风险规避假说"，与非家族企业相比，家族企业发起了更少的并购。

假设1b：基于"利益侵占假说"，与非家族企业相比，家族企业发起了更多的并购。

# 4.2 研究设计

## 4.2.1 数据来源与样本选取

本章选取2007~2019年度我国A股民营上市公司为初始研究对象，并按照以下标准对样本进行筛选：①剔除金融保险类上市公司；②剔除上市公司首次公开发行（IPO）年限不满1年的企业样本；③剔除ST、*ST的研究样本；④剔除存在缺失值的公司样本。按照以下要求界定家族企业，必须同时满足两个要求：第一，公司实际控制人为自然人或者家庭，并且至少有2名家族成员共同持股、管理或控制上市公司；第二，实际控制人拥有对企业的实质控制权，即家族总持股不少于10%（苏启林、朱文，2003；刘白璐、吕长江，2018）。经过筛选和整理，共得到公司年观测值12998个，其中家族企业样本7458个。

　　本章研究使用的并购数据是自 CSMAR 数据库的"中国上市公司并购重组研究数据库"。参考蔡庆丰等（2017，2019）、刘白璐、吕长江（2018）的研究，逐一查阅了中国 A 股民营上市公司在样本期间的并购事件，本章仅保留并购样本。按照以下方式进一步剔除与删减初始样本：①剔除金融保险类上市公司；②剔除交易失败的样本；③剔除主并企业为非上市公司的样本；④剔除交易金额在 100 万元以下的样本；⑤剔除同一年份同一企业重复并购的样本，仅取第一次并购事件；⑥剔除相关数据缺失的样本。其他财务和治理数据均来自 CSMAR 数据库。最终得到 1916 个并购样本数据，其中家族企业有 1283 个。

　　为了降低异常值对研究结果的影响，本章对连续变量在 1% 和 99% 百分位上进行 Winsorize 处理，本章数据整理及统计分析软件为 STATA 16。根据证监会最新修订的 2012 年发布的行业分类标准，本章并购样本行业和年度分布情况如表 4 - 1 所示。

表 4 - 1　　　　　　　　　并购样本公司的行业和年度分布　　　　　　　单位：个

| 行业代码 | 2007年 | 2008年 | 2009年 | 2010年 | 2011年 | 2012年 | 2013年 | 2014年 | 2015年 | 2016年 | 2017年 | 2018年 | 2019年 | 合计 |
|---|---|---|---|---|---|---|---|---|---|---|---|---|---|---|
| 农、林、牧、渔业（A） | 0 | 0 | 0 | 0 | 1 | 0 | 3 | 2 | 1 | 2 | 6 | 3 | 4 | 22 |
| 采矿业（B） | 0 | 0 | 0 | 1 | 0 | 4 | 4 | 5 | 6 | 3 | 3 | 5 | 3 | 34 |
| 制造业（C） | 8 | 8 | 15 | 4 | 19 | 55 | 119 | 179 | 235 | 205 | 215 | 156 | 158 | 1376 |
| 电、热、燃气及水生产（D） | 0 | 0 | 1 | 0 | 0 | 0 | 1 | 0 | 2 | 3 | 4 | 6 | 2 | 19 |
| 建筑业（E） | 0 | 0 | 1 | 0 | 0 | 1 | 3 | 7 | 8 | 10 | 5 | 8 | 1 | 44 |
| 批发和零售业（F） | 1 | 2 | 0 | 1 | 1 | 4 | 4 | 10 | 16 | 9 | 7 | 6 | 1 | 62 |
| 交通运输、仓储和邮政业（G） | 0 | 0 | 1 | 0 | 0 | 0 | 0 | 2 | 1 | 2 | 1 | 1 | 3 | 11 |
| 住宿和餐饮业（H） | 0 | 0 | 0 | 0 | 0 | 0 | 0 | 1 | 1 | 0 | 0 | 0 | 0 | 2 |
| 信息传输、软件和信息技术（I） | 1 | 0 | 1 | 1 | 1 | 3 | 14 | 32 | 32 | 37 | 28 | 21 | 17 | 188 |

续表

| 行业代码 | 2007年 | 2008年 | 2009年 | 2010年 | 2011年 | 2012年 | 2013年 | 2014年 | 2015年 | 2016年 | 2017年 | 2018年 | 2019年 | 合计 |
|---|---|---|---|---|---|---|---|---|---|---|---|---|---|---|
| 房地产业（K） | 1 | 4 | 2 | 2 | 1 | 4 | 8 | 4 | 11 | 4 | 5 | 1 | 1 | 48 |
| 租赁和商务服务业（L） | 0 | 1 | 0 | 0 | 0 | 0 | 2 | 2 | 3 | 4 | 3 | 2 | 4 | 21 |
| 科学研究和技术服务业（M） | 0 | 0 | 0 | 0 | 0 | 3 | 1 | 5 | 1 | 3 | 2 | 9 | 5 | 29 |
| 水利、环境和公共设施管理（N） | 0 | 0 | 0 | 0 | 1 | 1 | 2 | 3 | 2 | 1 | 2 | 2 | 4 | 18 |
| 卫生和社会工作（Q） | 0 | 0 | 0 | 0 | 1 | 0 | 0 | 0 | 0 | 3 | 2 | 1 | 3 | 10 |
| 文化、体育和娱乐业（R） | 0 | 0 | 0 | 0 | 0 | 0 | 3 | 2 | 6 | 3 | 3 | 2 | 2 | 21 |
| 综合（S） | 3 | 0 | 1 | 0 | 0 | 0 | 0 | 2 | 3 | 2 | 0 | 0 | 0 | 11 |
| 合计 | 14 | 15 | 22 | 9 | 25 | 75 | 164 | 256 | 328 | 291 | 286 | 223 | 208 | 1916 |

资料来源：笔者整理。

由表4-1可见，本章所研究的1916个并购样本企业行业分布排名前四分别是制造业1376个（占总样本的71.8%），信息传输、软件和信息技术行业188个（占比9.8%），批发和零售业62个（占比3.2%）、房地产业48个（占比2.5%）。自2007~2019年，研究样本的民营企业并购发起的次数逐年增多，呈上升趋势，从2007年的14起上升至2015年达到最高点328起并购事件，2016年次之达到291个样本，可见市场经济的快速发展推动了民营经济做大做强，并购的确是企业实现跨越式发展的助力，但是规范资本市场上的并购交易、抑制投机性并购也是实体经济健康发展、投资者信心保护的必然举措。民营企业的并购热潮在2018年、2019年似乎有所减退，这可能源于国内外经济环境的变化、国内经济结构调整、经济增速放缓、宏观环境的不确定性增强，也可能是由于资本市场并购重组监管政策更为严格所致。

## 4.2.2 模型构建与变量定义

### 4.2.2.1 被解释变量

并购倾向（*MA*）：参考陈仕华等（2015），刘白璐、吕长江（2018）的研究，本章以 *MA* 是否发起并购作为企业并购倾向的衡量指标。*MA* 是企业发起并购可能性的二值选择变量，如果实施了并购取值为 1，否则为 0；在稳健性检验中，以并购规模（*Amount*）作为衡量指标，某家公司在该年度内为其并购交易支付的金额总额，再进行对数化处理。

### 4.2.2.2 解释变量

家族控制：参考陈德球、钟昀珈（2011）的研究，以家族企业的虚拟变量（*Family*）和家族总持股比例的连续变量（*Famown*）分别衡量。*Family* 为家族企业虚拟变量，鉴于学术界目前对于家族企业并没有统一的定义，借鉴苏启林、朱文（2003）与刘白璐、吕长江（2018）的做法，当上市公司符合上述家族企业的认定时，*Family* 取值为 1，否则为 0。*Famown* 为家族总持股比例。

### 4.2.2.3 控制变量

本章在考察家族控制对企业并购倾向的影响时，参照张雯等（2013）、陈仕华等（2015）与刘白璐、吕长江（2018）的研究，控制了公司规模（*Size*）、企业年龄（*Age*）、盈利能力（*ROA*）、资产负债率（*Lev*）、现金流（*Cashflow*）、成长性（*Growth*）、两职合一（*Dual*）、独立董事比例（*Board-ind*）、实际控制人的控制权（*Conprop*）、第一大股东持股比例（*Top1*）、股权制衡度（*Balance*）等变量，同时还设置了年度（*Year*）、行业（*Ind*）虚拟变量以控制未观察到的潜在影响。变量详细含义见表 4 - 2。

表 4 - 2 变量定义与说明

| 变量类型 | 变量名称 | 变量符号 | 变量定义 |
| --- | --- | --- | --- |
| 被解释变量 | 并购倾向 | *MA* | 企业是否实施了并购的虚拟变量，如果实施了并购取值为 1，否则为 0 |

续表

| 变量类型 | 变量名称 | 变量符号 | 变量定义 |
|---|---|---|---|
| 解释变量 | 家族控制 | *Family* | 按照文中家族企业定义，是为1，否则为0 |
| | | *Famown* | 家族总持股比例 |
| 控制变量 | 公司规模 | *Size* | 企业资产总额的对数值 |
| | 企业年龄 | *Age* | 企业成立年数 +1 后取对数 |
| | 盈利能力 | *ROA* | 企业净利润与资产总额的比值 |
| | 资产负债率 | *Lev* | 企业的负债与资产总额的比值 |
| | 现金流量 | *Cashflow* | 经营性现金流量净额与资产总额的比值 |
| | 成长性 | *Growth* | 企业主营业务收入增长率 |
| | 两职合一 | *Dual* | 董事长和总经理是否兼任 |
| | 独立董事比例 | *Boardind* | 独立董事人数占董事会成员总数的比例 |
| | 投票权 | *Conprop* | 实际控制人的控制权 |
| | 第一大股东持股 | *Top1* | 第一大股东持股比例 |
| | 股权制衡度 | *Balance* | 第二位到第五位大股东持股比例之和/第一大股东持股比例 |

为了检验本章假设，本章构建了以下模型：

$$MA = \alpha_0 + \alpha_1 Family + \sum Control - Variables + \sum Year + \sum Ind + \varepsilon$$

$$(4-1)$$

在检验假设1时，模型采用 Logit 回归；在稳健性检验时，以并购规模衡量时，模型采用 Tobit 回归。如果家族控制（*Family/Famown*）与并购倾向（*MA*）回归系数 $\alpha_1$ 显著为负，即家族控制抑制了企业并购倾向则实证结果支持风险规避假说；如果家族控制（*Family/Famown*）与并购倾向（*MA*）回归系数 $\alpha_1$ 显著为正，即与非家族企业相比，家族企业发起了更多的并购，则实证结果支持利益侵占假说。

# 4.3 实证分析

## 4.3.1 描述性统计分析结果

表4-3为本章主要变量的描述性统计结果。在样本区间内有15%的公

司发起了并购，说明一年内每100家公司就有15家公司发起并购交易，与已有研究（黄灿等，2020）结论基本一致。家族企业的均值为0.58，说明全样本中本书认定的家族企业占比为58%，数据说明家族企业是民营经济重要的组成部分。观察民营企业公司治理结构可以发现，约有34%的上市公司总经理与董事长为同一个人，可见董事长兼任总经理的现象在中国民营上市公司十分普遍。民营上市公司的股权集中度较高，实际控制人家族所有权比例最高达到88.37%，均值也高达38.45%。在企业财务数据中，现金流的均值为0.04，最大值0.23，最小值为 -0.16，说明企业间的现金流水平差异较大。营业收入增长率约为21%，公司规模对数均值约为21.83，公司的杠杆率约为40%，整体上经营比较稳定。

表4-3　　　　　　　　　　主要变量描述性统计

| 变量名称 | 观测值 | 均值 | 中位数 | 标准差 | 最小值 | 最大值 |
|---|---|---|---|---|---|---|
| *MA* | 12998 | 0.15 | 0 | 0.35 | 0 | 1 |
| *Family* | 12998 | 0.58 | 1 | 0.49 | 0 | 1 |
| *Famown* | 7548 | 38.45 | 36.77 | 15.05 | 10.01 | 88.37 |
| *Size* | 12998 | 21.83 | 21.73 | 1.06 | 19.72 | 25 |
| *Age* | 12998 | 2.78 | 2.83 | 0.35 | 1.79 | 3.43 |
| *ROA* | 12998 | 0.04 | 0.04 | 0.07 | -0.25 | 0.21 |
| *Lev* | 12998 | 0.40 | 0.40 | 0.20 | 0.06 | 0.87 |
| *Cashflow* | 12998 | 0.04 | 0.04 | 0.07 | -0.16 | 0.23 |
| *Growth* | 12998 | 0.21 | 0.13 | 0.45 | -0.57 | 2.54 |
| *Boardind* | 12998 | 0.38 | 0.36 | 0.05 | 0.33 | 0.57 |
| *Top*1 | 12998 | 0.31 | 0.29 | 0.13 | 0.09 | 0.69 |
| *Balance* | 12998 | 0.79 | 0.64 | 0.60 | 0.04 | 2.72 |

表4-4是以是否家族企业将样本分成两个子样本，统计其观测值、均值、中位数，并对其均值差异进行t检验。从表4-4可以看出，按本书对家族企业的认定，家族企业和非家族企业之间的财务数据、并购决策存在显著性差异，且大多均在1%的水平上统计显著。在单变量检验下，相较于非家

族企业，家族企业并购更多，均值为 0.17 而非家族企业的均值仅为 0.12，与非家族企业相比，家族企业并购意愿明显更强。家族企业的规模、年龄要小于非家族企业，负债率低于非家族企业，显示了家族特性。盈利能力、成长性要优于非家族企业，控制权比例、两职合一的比例均显著大于非家族企业，说明家族企业股权更为集中，控制权比例更高。

表 4 - 4 分样本数据单变量检验

| 变量 | 非家族企业 | 均值 | 中位数 | 家族企业 | 均值 | 中位数 | 均值差异 |
| --- | --- | --- | --- | --- | --- | --- | --- |
| MA | 5450 | 0.12 | 0 | 7548 | 0.17 | 0 | − 0.05 *** |
| Size | 5450 | 21.89 | 21.81 | 7548 | 21.78 | 21.69 | 0.12 *** |
| Age | 5450 | 2.83 | 2.89 | 7548 | 2.75 | 2.77 | 0.08 *** |
| ROA | 5450 | 0.04 | 0.04 | 7548 | 0.05 | 0.05 | − 0.01 *** |
| Lev | 5450 | 0.44 | 0.44 | 7548 | 0.38 | 0.36 | 0.06 *** |
| Cashflow | 5450 | 0.04 | 0.04 | 7548 | 0.04 | 0.04 | 0 |
| Growth | 5450 | 0.19 | 0.10 | 7548 | 0.22 | 0.14 | − 0.04 *** |
| Dual | 5450 | 0.26 | 0 | 7548 | 0.40 | 0 | − 0.14 *** |
| Boardind | 5450 | 0.37 | 0.33 | 7548 | 0.38 | 0.36 | − 0.01 *** |
| Conprop | 5450 | 34.66 | 32.41 | 7548 | 39.83 | 39.83 | − 5.17 *** |
| Top1 | 5450 | 0.33 | 0.30 | 7548 | 0.30 | 0.29 | 0.02 *** |
| Balance | 5450 | 0.65 | 0.48 | 7548 | 0.90 | 0.77 | − 0.25 *** |

注：*、**、*** 分别表示在 10%、5%、1% 的水平上显著相关。

## 4.3.2 相关性分析

表 4 - 5 是各主要变量的 Person 相关系数。家族控制（Family）与 MA 相关系数为 0.063，Famown 与 MA 的相关系数为 0.039，且均在 1% 的统计水平上显著为正，说明家族企业发起了更多的并购，这为本章假设提供了初步证据。

表 4 - 5    相关性分析

| 变量 | MA | Family | Famoun | Size | Age | ROA | Lev | Cashflow | Growth | Dual | Boardind | Top1 | Balance |
|---|---|---|---|---|---|---|---|---|---|---|---|---|---|
| MA | 1 | | | | | | | | | | | | |
| Family | 0.063*** | 1 | | | | | | | | | | | |
| Famoun | 0.039*** | 0.454*** | 1 | | | | | | | | | | |
| Size | 0.017* | -0.055*** | 0.00200 | 1 | | | | | | | | | |
| Age | -0.027*** | -0.113*** | -0.122*** | 0.166*** | 1 | | | | | | | | |
| ROA | 0.040*** | 0.043*** | 0.171*** | 0.075*** | -0.087*** | 1 | | | | | | | |
| Lev | -0.018** | -0.156*** | -0.115*** | 0.413*** | 0.120*** | -0.311*** | 1 | | | | | | |
| Cashflow | -0.017* | 0.00400 | 0.064*** | 0.016* | -0.015* | 0.358*** | -0.171*** | 1 | | | | | |
| Growth | 0.098*** | 0.041*** | 0.056*** | 0.108*** | -0.025*** | 0.250*** | 0.055*** | -0.0110 | 1 | | | | |
| Dual | 0.036*** | 0.147*** | 0.100*** | -0.075*** | -0.048*** | 0.00700 | -0.085*** | -0.00400 | 0.00500 | 1 | | | |
| Boardind | 0.022** | 0.095*** | 0.110*** | -0.048*** | 0.016* | -0.030*** | -0.034** | -0.019** | 0.00300 | 0.120*** | 1 | | |
| Top1 | -0.00100 | -0.084*** | 0.563*** | 0.090*** | -0.100*** | 0.156*** | 0.026*** | 0.068*** | 0.035*** | 0.047*** | 0.036*** | 1 | |
| Balance | 0.039*** | 0.204*** | -0.115*** | -0.032*** | 0.00500 | -0.0130 | -0.112*** | -0.00700 | 0.048*** | -0.027*** | -0.037*** | -0.666*** | 1 |

注：*、**、***分别表示在 10%、5%、1% 的水平上显著相关。

### 4.3.3 模型回归分析结果

表 4 - 6 列示了 Logit 模型家族控制（*Family/Famown*）与企业并购倾向（*MA*）的回归结果。其中，列（1）和列（4）是不包含控制变量，没有控制年度、行业效应的回归结果；列（2）和列（5）是包含控制变量，没有控制年度、行业效应的回归结果；列（3）和列（6）是包含控制变量，控制年度、行业效应的回归结果。无论是否引入控制变量，家族控制哑变量（*Family*）和连续变量（*Famown*）都与企业并购倾向（*MA*）在 1% 水平显著正相关，包含控制变量，控制年度、行业效应的回归结果显示系数分别为 0.247 和 0.012。即与非家族企业相比，家族企业发起了更多的并购，家族控制与企业并购倾向正相关，初步验证利益侵占动机假说。

表 4 - 6　　　　　　　　　　　家族控制与企业并购倾向

| 变量 | (1) | (2) | (3) | (4) | (5) | (6) |
|---|---|---|---|---|---|---|
| | *MA* | *MA* | *MA* | *MA* | *MA* | *MA* |
| *Family* | 0.373 *** (7.21) | 0.292 *** (5.12) | 0.247 *** (4.33) | | | |
| *Famown* | | | | 0.007 *** (4.86) | 0.015 *** (4.08) | 0.012 *** (3.27) |
| *Size* | | 0.062 ** (2.41) | 0.069 *** (2.61) | | 0.074 *** (2.85) | 0.077 *** (2.93) |
| *Age* | | − 0.153 ** (− 2.18) | − 0.087 (− 1.22) | | − 0.177 ** (− 2.53) | − 0.106 (− 1.48) |
| *ROA* | | 0.899 ** (2.07) | 0.953 ** (2.21) | | 0.876 ** (2.01) | 0.935 ** (2.16) |
| *Lev* | | − 0.234 (− 1.53) | − 0.011 (− 0.07) | | − 0.273 * (− 1.79) | − 0.044 (− 0.27) |
| *Cashflow* | | − 1.036 *** (− 2.92) | − 1.149 *** (− 3.13) | | − 1.024 *** (− 2.90) | − 1.136 *** (− 3.10) |
| *Growth* | | 0.462 *** (9.55) | 0.463 *** (9.13) | | 0.464 *** (9.60) | 0.466 *** (9.21) |

续表

| 变量 | (1) | (2) | (3) | (4) | (5) | (6) |
|---|---|---|---|---|---|---|
| | *MA* | *MA* | *MA* | *MA* | *MA* | *MA* |
| *Dual* | | 0.155 *** <br> (2.92) | 0.134 ** <br> (2.51) | | 0.167 *** <br> (3.15) | 0.145 *** <br> (2.73) |
| *Boardind* | | 0.897 * <br> (1.88) | 0.920 * <br> (1.92) | | 0.860 * <br> (1.80) | 0.904 * <br> (1.88) |
| *Conprop* | | −0.003 <br> (−1.29) | −0.003 <br> (−1.05) | | −0.015 *** <br> (−3.26) | −0.012 *** <br> (−2.61) |
| *Top*1 | | 0.856 ** <br> (2.16) | 0.990 ** <br> (2.48) | | 0.643 * <br> (1.65) | 0.802 ** <br> (2.04) |
| *Balance* | | 0.221 *** <br> (3.60) | 0.222 *** <br> (3.57) | | 0.216 *** <br> (3.55) | 0.216 *** <br> (3.49) |
| _cons | −1.984 *** <br> (−47.75) | −3.595 *** <br> (−6.41) | −4.298 *** <br> (−7.07) | −1.977 *** <br> (−37.59) | −3.560 *** <br> (−6.35) | −4.260 *** <br> (−7.02) |
| Chi2 | 52.00 | 217.06 | 265.98 | 23.64 | 210.15 | 260.82 |
| Pseudo. R-Square | 0.005 | 0.019 | 0.027 | 0.002 | 0.018 | 0.026 |
| N | 12998 | 12998 | 12998 | 12998 | 12998 | 12998 |
| Year_FE | NO | NO | YES | NO | NO | YES |
| Ind_FE | NO | NO | YES | NO | NO | YES |

注：* 、** 、*** 分别表示在10%、5%、1%的水平上显著相关。

## 4.3.4　稳健性检验

### 4.3.4.1　解释变量滞后一期

为了缓解内生性问题对研究结论的影响，采用家族控制（*Family*）和（*Famown*）滞后一期的稳健性检验，当年的并购策略并不会影响上一年的家族控制权安排，表4-7中回归结果显示系数分别为0.174和0.014且均在1%水平上显著为正。回归结果依然稳健，支持研究结论。

表 4 - 7 　　　　　　　　　稳健性检验：解释变量滞后一期

| 变量 | (1) | (2) | (3) | (4) | (5) | (6) |
|---|---|---|---|---|---|---|
| | MA | MA | MA | MA | MA | MA |
| Family | 0.318*** | 0.221*** | 0.174*** | | | |
| | (5.63) | (3.55) | (2.78) | | | |
| Famown | | | | 0.009*** | 0.016*** | 0.014*** |
| | | | | (5.91) | (5.06) | (4.48) |
| Size | | 0.029 | 0.030 | | 0.038 | 0.038 |
| | | (0.99) | (1.01) | | (1.30) | (1.27) |
| Age | | -0.255*** | -0.184** | | -0.251*** | -0.176** |
| | | (-3.16) | (-2.24) | | (-3.13) | (-2.16) |
| ROA | | 1.111** | 1.204** | | 1.152** | 1.243** |
| | | (2.31) | (2.50) | | (2.38) | (2.57) |
| Lev | | -0.326* | -0.139 | | -0.310* | -0.115 |
| | | (-1.90) | (-0.77) | | (-1.80) | (-0.63) |
| Cashflow | | -0.924** | -1.068** | | -0.880** | -1.023** |
| | | (-2.29) | (-2.57) | | (-2.18) | (-2.45) |
| Growth | | 0.505*** | 0.503*** | | 0.511*** | 0.510*** |
| | | (9.28) | (8.86) | | (9.39) | (8.99) |
| Dual | | 0.127** | 0.114* | | 0.128** | 0.113* |
| | | (2.15) | (1.92) | | (2.17) | (1.91) |
| Boardind | | 0.877* | 0.932* | | 0.695 | 0.761 |
| | | (1.67) | (1.77) | | (1.31) | (1.43) |
| Conprop | | -0.002 | -0.001 | | -0.014*** | -0.013*** |
| | | (-0.64) | (-0.47) | | (-3.37) | (-2.99) |
| Top1 | | 0.780* | 0.900** | | 0.601 | 0.777* |
| | | (1.76) | (2.00) | | (1.37) | (1.75) |
| Balance | | 0.236*** | 0.247*** | | 0.209*** | 0.221*** |
| | | (3.54) | (3.65) | | (3.12) | (3.26) |
| _cons | -1.927*** | -2.516*** | -3.011*** | -2.039*** | -2.527*** | -3.029*** |
| | (-43.24) | (-3.93) | (-4.40) | (-34.67) | (-3.94) | (-4.41) |
| Chi2 | 31.65 | 188.82 | 223.29 | 34.92 | 201.09 | 233.39 |
| Pseudo. R-Square | 0.004 | 0.020 | 0.028 | 0.0034 | 0.0220 | 0.0295 |
| N | 10527 | 10527 | 10527 | 10527 | 10527 | 10527 |
| Year_FE | NO | NO | YES | NO | NO | YES |
| Ind_FE | NO | NO | YES | NO | NO | YES |

注：*、**、***分别表示在10%、5%、1%的水平上显著相关。

### 4.3.4.2　更改被解释变量衡量方法

在前文的回归中，被解释变量用是否发生并购来衡量，为了提高结果稳健性，此处我们以并购规模（Amount），企业在一个年度内为其发起全部并购行为支付的金额总和，并进行对数化处理作为并购行为的替代指标。实证结果显示如表4-8所示，回归结果显示系数分别为0.551和0.024且均在1%水平上显著为正，回归结果依然稳健，支持研究结论。

表4-8　　　　　　　　　稳健性检验：并购规模

| 变量 | (1) | (2) | (3) | (4) | (5) | (6) |
|------|-----|-----|-----|-----|-----|-----|
| | Amount | Amount | Amount | Amount | Amount | Amount |
| Family | 0.860 *** (7.19) | 0.649 *** (4.99) | 0.551 *** (4.21) | | | |
| Famown | | | | 0.015 *** (4.08) | 0.031 *** (3.90) | 0.024 *** (3.09) |
| Size | | 0.178 *** (2.78) | 0.182 *** (2.85) | | 0.204 *** (3.18) | 0.204 *** (3.17) |
| Age | | −0.301 * (−1.76) | −0.153 (−0.88) | | −0.360 ** (−2.11) | −0.198 (−1.14) |
| ROA | | 1.373 (1.27) | 1.680 (1.55) | | 1.288 (1.19) | 1.614 (1.49) |
| Lev | | −0.542 (−1.49) | −0.041 (−0.11) | | −0.639 * (−1.76) | −0.123 (−0.33) |
| Cashflow | | −2.197 ** (−2.46) | −2.444 *** (−2.72) | | −2.167 ** (−2.43) | −2.421 *** (−2.69) |
| Growth | | 1.400 *** (10.12) | 1.353 *** (9.74) | | 1.408 *** (10.17) | 1.362 *** (9.81) |
| Dual | | 0.352 *** (2.78) | 0.302 ** (2.38) | | 0.383 *** (3.04) | 0.330 *** (2.60) |
| Boardind | | 2.123 * (1.85) | 2.129 * (1.86) | | 2.056 * (1.79) | 2.109 * (1.83) |
| Conprop | | −0.009 (−1.39) | −0.008 (−1.24) | | −0.032 *** (−3.09) | −0.026 ** (−2.50) |

续表

| 变量 | (1) | (2) | (3) | (4) | (5) | (6) |
|---|---|---|---|---|---|---|
| | Amount | Amount | Amount | Amount | Amount | Amount |
| Top1 | | 1.868 *<br>(1.91) | 2.186 **<br>(2.23) | | 1.395<br>(1.44) | 1.755 *<br>(1.81) |
| Balance | | 0.541 ***<br>(3.59) | 0.529 ***<br>(3.50) | | 0.537 ***<br>(3.56) | 0.524 ***<br>(3.47) |
| _cons | 2.291 ***<br>(25.13) | −2.247<br>(−1.58) | −3.487 **<br>(−2.32) | 2.317 ***<br>(17.81) | −2.202<br>(−1.54) | −3.471 **<br>(−2.30) |
| Chi2 | 51.60 | 229.76 | 304.08 | 16.67 | 220.10 | 295.91 |
| Pseudo. R-Square | 0.001 | 0.003 | 0.004 | 0.000 | 0.003 | 0.003 |
| N | 12998 | 12998 | 12998 | 12998 | 12998 | 12998 |
| Year_FE | NO | NO | YES | NO | NO | YES |
| Ind_FE | NO | NO | YES | NO | NO | YES |

注：* 、** 、*** 分别表示在10% 、5% 、1% 的水平上显著相关。

### 4.3.4.3 更改解释变量衡量方法

关于家族企业的界定，学术界尚未形成统一的认识。参考徐炜等（2020）的做法，重新定义家族企业：最终实际控制人归结为一个人或一个家族；实际控制人及其家族直接（或间接）是企业第一大股东且其持股比例不低于15%。重新筛选样本，进行稳健性检验，回归结果如表4-9所示，回归结果显示系数为0.179且在1%水平上显著为正，回归结果依然稳健，研究结论成立。

表4-9　　　　　　　　稳健性检验：重新界定家族企业

| 变量 | (1) | (2) | (3) |
|---|---|---|---|
| | MA | MA | MA |
| Family | 0.271 ***<br>(4.73) | 0.215 ***<br>(3.50) | 0.179 ***<br>(2.90) |
| Size | | 0.052 *<br>(1.88) | 0.059 **<br>(2.11) |

续表

| 变量 | (1) | (2) | (3) |
|------|-----|-----|-----|
| | MA | MA | MA |
| Age | | −0.170 **<br>(−2.34) | −0.110<br>(−1.47) |
| ROA | | 0.997 **<br>(2.15) | 1.067 **<br>(2.31) |
| Lev | | −0.149<br>(−0.91) | 0.100<br>(0.57) |
| Cashflow | | −1.059 ***<br>(−2.83) | −1.138 ***<br>(−2.94) |
| Growth | | 0.462 ***<br>(8.99) | 0.458 ***<br>(8.56) |
| Dual | | 0.122 **<br>(2.19) | 0.101 *<br>(1.81) |
| Boardind | | 0.877 *<br>(1.75) | 0.820<br>(1.63) |
| Conprop | | −0.007 **<br>(−2.28) | −0.005 *<br>(−1.89) |
| Top1 | | 0.800 *<br>(1.83) | 0.911 **<br>(2.06) |
| Balance | | 0.226 ***<br>(3.26) | 0.225 ***<br>(3.19) |
| _cons | −1.868 ***<br>(−38.98) | −3.113 ***<br>(−5.14) | −3.848 ***<br>(−5.82) |
| Chi2 | 22.35 | 168.43 | 222.45 |
| Pseudo. R-Square | 0.002 | 0.016 | 0.025 |
| N | 11058 | 11058 | 11058 |
| Year_FE | NO | NO | YES |
| Ind_FE | NO | NO | YES |

注：*、**、***分别表示在10%、5%、1%的水平上显著相关。

## 4.3.5 影响机制检验

### 4.3.5.1 利益侵占假说的检验：基于企业内部掏空的检验

已有研究发现家族控制权具有积极影响和消极影响（Anderson & Reeb，2003a）。从积极影响视角出发，家族控制缓解了股权分散公众公司存在的管理者和股东的代理冲突，然而家族控制权可能在家族成员间产生新的代理冲突，家族控股股东有能力享有控制权私利，内部控股大股东有能力侵占外部非家族股东的权益。在股权高度集中的国家里大股东与中小投资者之间的委托代理问题是上市公司治理的主要矛盾，大股东有动机和能力利用控制权优势来转移公司财富，即所谓的"掏空"。最常见的方式是资金占用，给中小股东和公司业绩造成损害（Jiang et al.，2015）。在投资者保护力度不够的情况下，大股东"掏空"更为严重。我们用资金占用程度以及是否存在控股股东质押来衡量企业内部"掏空"，如果并购动机的利益侵占假说成立，我们预计资金占用程度及存在控股股东质押的家族企业发动了更多的并购。

为进一步检验家族控制的利益侵占假说，本章进一步检验家族企业第二类代理问题的影响，在回归模型（1）的基础上根据企业资金占用以及是否存在控股股东质押进行分样本回归检验。

具体而言，借鉴罗进辉（2012）的研究，采用其他应收款/总资产来衡量资金占用程度，该值越大表示控股股东与其他股东之间的代理问题越严重，即第二类代理成本越高。我们首先统计出所有样本企业资金占用的中位数，然后以此为标准把样本分为两组（高于中位数为资金占用高，否则为资金占用低）。表 4 - 10 的第（1）列是资金占用高组样本的回归结果，家族控制（Family）的系数为 0.257 且在 1% 水平上显著为正，第（3）列是资金占用高组样本的回归结果，家族控制（Famown）的系数为 0.012 且在 1% 水平上显著为正，而第（2）列为资金占用低组样本的回归结果，家族控制（Family）的系数为 0.224 且在 5% 水平上显著为正，第（4）列为资金占用低组样本的回归结果，家族控制（Famown）的系数为 0.009，正向不显著。对比两组样本回归结果可以看出，资金占用这种第二类代理成本与家族企业并购倾向成正比，资金占用程度越高，侵占动机越强，并购越多。

表 4 - 10　　　　　　　　　　基于资金占用的检验

| 变量 | （1） 资金占用高 | （2） 资金占用低 | （3） 资金占用高 | （4） 资金占用低 |
|---|---|---|---|---|
| Family | 0.257 *** (3.83) | 0.224 ** (2.02) | | |
| Famown | | | 0.012 *** (2.96) | 0.009 (1.21) |
| Size | 0.081 ** (2.51) | 0.034 (0.74) | 0.087 *** (2.68) | 0.046 (0.99) |
| Age | -0.139 * (-1.70) | 0.132 (0.85) | -0.153 * (-1.88) | 0.102 (0.66) |
| ROA | 0.447 (0.84) | 2.024 *** (2.58) | 0.438 (0.82) | 1.971 ** (2.51) |
| Lev | 0.021 (0.11) | -0.141 (-0.47) | -0.010 (-0.05) | -0.182 (-0.60) |
| Cashflow | -1.016 ** (-2.32) | -1.199 * (-1.74) | -1.009 ** (-2.31) | -1.182 * (-1.72) |
| Growth | 0.503 *** (8.18) | 0.383 *** (4.13) | 0.507 *** (8.26) | 0.385 *** (4.16) |
| Dual | 0.184 *** (2.95) | 0.013 (0.12) | 0.197 *** (3.18) | 0.021 (0.20) |
| Boardind | 0.416 (0.73) | 2.441 *** (2.68) | 0.395 (0.69) | 2.444 *** (2.69) |
| Conprop | -0.005 * (-1.79) | 0.006 (1.07) | -0.015 *** (-2.87) | 0.000 (0.03) |
| Top1 | 1.144 ** (2.47) | 0.546 (0.66) | 0.956 ** (2.09) | 0.313 (0.39) |
| Balance | 0.233 *** (3.13) | 0.205 * (1.78) | 0.226 *** (3.04) | 0.198 * (1.74) |
| _cons | -4.291 *** (-5.72) | -4.636 *** (-4.34) | -4.197 *** (-5.60) | -4.658 *** (-4.36) |
| Chi2 | 198.64 | 88.53 | 192.92 | 99.43 |
| Pseudo. R-Square | 0.043 | 0.033 | 0.026 | 0.036 |

续表

| 变量 | （1） | （2） | （3） | （4） |
|------|------|------|------|------|
|      | 资金占用高 | 资金占用低 | 资金占用高 | 资金占用低 |
| N | 9432 | 3563 | 9432 | 3563 |
| Year_FE | YES | YES | YES | YES |
| Ind_FE | YES | YES | YES | YES |
| Diff | 0.072 * | | 0.042 ** | |

注：*、**、*** 分别表示在10%、5%、1%的水平上显著相关。

已有研究认为控股股东质押加剧了企业的第二类代理问题，致使控股家族的现金流权和控制权分离程度加大、"掏空"动机更为显著，强化了控股股东的侵占效应（朱雅典、才国伟，2020），大股东有动机发起重质不重量的并购交易，进行一系列伪市值交易。我们按控股股东是否质押股权进行分组，把样本分为有质押和无质押两组，表4-11列示了分组检验的结果，第（1）列是无质押组样本的回归结果，家族控制（Family）的系数为0.292且在5%水平上显著为正，第（3）列是无质押组样本的回归结果，家族控制（Famown）的系数为0.012，并不显著，而第（2）列为是有质押组样本的回归结果，家族控制（Family）的系数为0.205且在1%水平上显著为正，第（4）列是有质押组样本的回归结果，家族控制（Famown）的系数为0.008，在10%水平上显著为正。对比两组样本回归结果可以看出，控股股东存在股权质押的家族企业并购更多。

表4-11　　　　　　　　　基于是否存在控股股东质押的检验

| 变量 | （1） | （2） | （3） | （4） |
|------|------|------|------|------|
|      | 无质押 | 有质押 | 无质押 | 有质押 |
| Family | 0.292 **<br>(2.57) | 0.205 ***<br>(3.08) | | |
| Famown | | | 0.012<br>(1.63) | 0.008 *<br>(1.93) |
| Size | 0.112 **<br>(2.24) | 0.020<br>(0.62) | 0.116 **<br>(2.30) | 0.027<br>(0.85) |

续表

| 变量 | （1） | （2） | （3） | （4） |
|---|---|---|---|---|
| | 无质押 | 有质押 | 无质押 | 有质押 |
| *Age* | −0.002<br>（−0.02） | −0.267***<br>（−2.95） | −0.022<br>（−0.18） | −0.283***<br>（−3.13） |
| *ROA* | 0.437<br>（0.50） | 1.565***<br>（3.05） | 0.381<br>（0.43） | 1.559***<br>（3.02） |
| *Lev* | −0.555*<br>（−1.78） | 0.004<br>（0.02） | −0.583*<br>（−1.89） | −0.032<br>（−0.16） |
| *Cashflow* | −1.199*<br>（−1.70） | −0.815*<br>（−1.85） | −1.178*<br>（−1.68） | −0.813*<br>（−1.85） |
| *Growth* | 0.333***<br>（2.94） | 0.453***<br>（7.80） | 0.341***<br>（3.02） | 0.456***<br>（7.85） |
| *Dual* | 0.129<br>（1.25） | 0.117*<br>（1.86） | 0.149<br>（1.45） | 0.128**<br>（2.04） |
| *Boardind* | 1.653*<br>（1.89） | 0.585<br>（1.01） | 1.656*<br>（1.88） | 0.600<br>（1.03） |
| *Conprop* | −0.002<br>（−0.37） | −0.004<br>（−1.20） | −0.011<br>（−1.20） | −0.010*<br>（−1.77） |
| *Top*1 | 0.645<br>（0.89） | 1.373***<br>（2.72） | 0.482<br>（0.68） | 1.159**<br>（2.34） |
| *Balance* | 0.277**<br>（2.40） | 0.311***<br>（4.07） | 0.269**<br>（2.34） | 0.307***<br>（4.04） |
| _cons | −5.922***<br>（−5.28） | −2.562***<br>（−3.38） | −5.778***<br>（−5.16） | −2.536***<br>（−3.35） |
| N | 4728 | 8257 | 4728 | 8257 |
| Year_FE | YES | YES | YES | YES |
| Ind_FE | YES | YES | YES | YES |
| Diff | 0.081* | | 0.046** | |

注：*、**、***分别表示在10%、5%、1%的水平上显著相关。

4.3.5.2 利益侵占假说的检验：基于企业外部环境的检验

企业的生存发展都离不开所处的环境，外部环境越好越有利于企业投资，外部监管环境越严格越能够减少企业的利益侵占动机。我们将对企业所处市场化环境和监督环境分组检验。

市场化环境对组织的结构、行为以及决策会产生重要影响，我国各地的市场化环境发育并不均衡，各地的市场化效率存在较大差异，不同地区的市场化效率对当地家族企业的发展产生重要影响。在市场化环境较好的地区，产权保护和法律制度等约束机制更强、投资者保护水平更高、市场竞争更加激烈，家族企业基业长青、代际传承的意愿更强。家族企业为了在激烈的市场环境中保持竞争优势，在国内外经济形势严峻的大背景下，积极寻求外延式发展道路，通过并购寻找新的增长点，实现顺利转型。好的市场化环境能够保护家族企业扩大投资、持续经营的热情，在市场化环境好的地区家族企业实施长期导向并购的意愿更强。而市场化环境较差的地区，市场体系不完善以及缺乏公正有效的法律体系，此时外部市场化环境无法对家族控股进行有效监督，利益侵占动机下的并购行为更为显著。本章以家族企业所处地区市场化环境的较好或较差作为划分标准进行分组回归检验可以验证家族企业并购更多是基于基业长青的长期导向还是利益侵占动机。我们预计市场化环境较好的企业发起更多并购是基于基业长期导向而市场化环境较差地区并购更多则反映利益侵占动机。

市场化环境数据来源于王小鲁等（2019）编制的《中国分省份市场化指数报告（2018）》。如果企业所在地区的市场化指数高于中位数，定义为市场化环境好的地区，否则为市场化环境差的地区。回归结果如表 4-12 所示，第（1）列是市场化环境较好组样本的回归结果，家族控制（Family）的系数为 0.022，不显著，而第（2）列为市场化环境较差组样本的回归结果，家族控制（Family）的系数为 0.319，在 1% 水平上显著为正。对比两组样本回归结果可以看出，市场化环境较差地区的家族企业并购更多，这一定程度上排除了家族企业并购更多是基于基业长青的长期导向，而支持侵占动机假说。

表 4 – 12 基于市场化环境的检验

| 变量 | （1）<br>市场化环境较好 | （2）<br>市场化环境较差 |
|---|---|---|
| *Family* | 0.022<br>(0.24) | 0.319 ***<br>(2.75) |
| *Size* | − 0.147 ***<br>( − 3.11) | 0.245 ***<br>(4.49) |
| *Age* | − 0.468 ***<br>( − 4.08) | − 0.173<br>( − 1.25) |
| *ROA* | 3.733 ***<br>(4.69) | − 0.680<br>( − 0.75) |
| *Lev* | 0.690 ***<br>(2.61) | − 1.227 ***<br>( − 3.93) |
| *Cashflow* | − 1.318 **<br>( − 2.07) | − 2.393 ***<br>( − 3.18) |
| *Growth* | 0.453 ***<br>(5.34) | 0.347 ***<br>(3.65) |
| *Dual* | 0.058<br>(0.73) | 0.360 ***<br>(3.50) |
| *Boardind* | 1.251 *<br>(1.73) | − 0.290<br>( − 0.30) |
| *Conprop* | − 0.117 *<br>( − 1.66) | 0.053<br>(1.09) |
| *Top*1 | 0.118 *<br>(1.67) | − 0.051<br>( − 1.04) |
| _cons | 2.742 **<br>(2.23) | − 7.386 ***<br>( − 6.11) |
| Pseudo. R-Square | 0.038 | 0.051 |
| N | 8968 | 4030 |
| Diff | 0.00 *** | |

注：*、**、*** 分别表示在 10%、5%、1% 的水平上显著相关。

"四大"一般被认为是高质量审计的代表，被四大审计的家族企业一般说来会减少"掏空"行为，因而我们预计在外部审计质量更高组，家族企业会减少基于利益侵占动机的并购。

如果企业被四大审计，我们认为企业外部监督环境更强，掏空动机会相应减弱，我们将样本分成两组，四大审计与非四大审计。回归结果如表4-13所示，第（1）列是四大审计组样本的回归结果，关键解释变量家族控制（Family）的系数为0.320，负向不显著，第（3）列是四大审计组样本的回归结果，关键解释变量家族控制（Famown）的系数为0.007，正向不显著，而第（2）列为非四大组样本的回归结果，关键解释变量家族控制（Family）的系数为0.237，在1%水平上显著为正，第（4）列为非四大组样本的回归结果，关键解释变量家族控制（Famown）的系数为0.010，在1%水平上显著为正。对比两组样本回归结果可以看出，非四大审计的家族企业并购更多，这在一定程度上支持了利益侵占动机假说。

表4-13　　　　　　　　　　　基于审计质量的检验

| 变量 | (1) 四大 | (2) 非四大 | (3) 四大 | (4) 非四大 |
|---|---|---|---|---|
| Family | -0.320 (-0.43) | 0.237 *** (4.13) | | |
| Famown | | | 0.007 (0.20) | 0.010 *** (2.83) |
| Size | -0.236 (-0.74) | 0.099 *** (3.61) | -0.234 (-0.73) | 0.107 *** (3.90) |
| Age | 1.179 (1.05) | -0.099 (-1.38) | 1.127 (1.02) | -0.118 (-1.64) |
| ROA | 10.746 (1.38) | 0.926 ** (2.13) | 10.740 (1.43) | 0.902 ** (2.08) |
| Lev | 1.181 (0.48) | -0.025 (-0.16) | 1.252 (0.54) | -0.059 (-0.36) |
| Cashflow | 3.762 (0.94) | -1.161 *** (-3.14) | 3.822 (0.97) | -1.150 *** (-3.12) |
| Growth | 0.050 (0.09) | 0.467 *** (9.11) | 0.042 (0.07) | 0.471 *** (9.19) |
| Dual | -0.531 (-0.76) | 0.141 *** (2.63) | -0.526 (-0.74) | 0.155 *** (2.89) |

| 变量 | (1) 四大 | (2) 非四大 | (3) 四大 | (4) 非四大 |
|---|---|---|---|---|
| *Boardind* | −1.771<br>(−0.38) | 1.042 **<br>(2.15) | −1.963<br>(−0.39) | 1.051 **<br>(2.16) |
| *Conprop* | 0.038<br>(1.31) | −0.003<br>(−1.19) | 0.025<br>(0.58) | −0.011 **<br>(−2.36) |
| *Top*1 | −6.306 *<br>(−1.84) | 1.096 ***<br>(2.71) | −5.814 *<br>(−1.79) | −5.814 *<br>(2.28) |
| *Balance* | −0.842<br>(−0.90) | 0.242 ***<br>(3.85) | −0.869<br>(−0.93) | 0.238 ***<br>(3.81) |
| _cons | 4.119<br>(0.74) | −4.978 ***<br>(−7.85) | 4.160<br>(0.75) | −4.946 ***<br>(−7.81) |
| Chi2 | 30.94 | 267.86 | 32.09 | 262.19 |
| Pseudo. R-Square | 0.168 | 0.0275 | 0.167 | 0.027 |
| N | 209 | 12688 | 209 | 12688 |
| Year_FE | YES | YES | YES | YES |
| Ind_FE | YES | YES | YES | YES |
| Diff | 0.072 * | | 0.046 ** | |

注：* 、** 、*** 分别表示在 10% 、5% 、1% 的水平上显著相关。

### 4.3.5.3 利益侵占假说的检验：基于并购绩效的考察

利益侵占假说的检验思路是：企业并购动机影响最终并购绩效，从并购绩效也可以侧面反映企业发动并购的动机。使用累计超额收益率来度量企业并购的市场绩效，并检验家族控制对并购短期绩效的影响。具体而言，参照已有研究的做法（陈仕华等，2015；王艳、李善民，2017），根据市场模型法来计算累计超额收益率（Brown & Warner，1985）。其中，以并购公告宣告前 150 个交易日至前 30 个交易日为窗口估计期，本章用并购公告日前后 1 天作为事件窗口期计算并购事件的累计超额收益率 *CAR*（−1，+1）作为并购市场绩效的衡量指标，以并购首次公告日前后 1 年总资产收益变化值（Δ*ROA*）测量并购长期绩效。回归结果如表 4 - 14 所示，家族控制与并购短期绩效和长期绩效都呈现显著负相关，研究结果证实无论是短期绩效还是长期绩效的实证检验，家族企业的并购都没有实现价值创造，因而可以得出结论家族企业在并购浪潮中具有更强的并购倾向、更多的并购金额，但是并未取得更佳的并购绩效。

表 4 - 14　　　　　　　　基于并购绩效的检验

| 变量 | (1) | (2) | (3) | (4) |
|------|------|------|------|------|
| | $CAR$ ( -1, 1) | $\Delta ROA_{t-1,t+1}$ | $CAR$ ( -1, 1) | $\Delta ROA_{t-1,t+1}$ |
| Family | -0.005 *** <br> ( -2.82) | -0.012 ** <br> ( -2.10) | | |
| Famown | | | -0.006 *** <br> ( -2.93) | -0.019 * <br> ( -1.68) |
| Size | -0.001 <br> ( -0.91) | -0.001 <br> ( -0.34) | -0.001 <br> ( -1.41) | -0.010 <br> ( -1.30) |
| Age | -0.004 <br> ( -1.48) | -0.008 <br> ( -1.15) | -0.004 <br> ( -1.34) | -0.010 <br> ( -0.75) |
| ROA | 0.029 ** <br> (1.98) | 0.478 *** <br> (7.16) | 0.032 ** <br> (2.04) | 0.511 *** <br> (3.66) |
| Lev | 0.008 <br> (1.38) | 0.001 <br> (0.05) | 0.008 <br> (1.32) | 0.042 <br> (1.15) |
| Cashflow | -0.009 <br> ( -0.70) | 0.178 *** <br> (4.00) | -0.005 <br> ( -0.36) | 0.172 * <br> (1.73) |
| Growth | 0.006 *** <br> (4.12) | -0.002 <br> ( -0.34) | 0.008 *** <br> (5.02) | -0.010 <br> ( -0.77) |
| Dual | 0.002 <br> (1.24) | -0.004 <br> ( -0.89) | 0.003 * <br> (1.74) | -0.016 <br> ( -1.48) |
| Boardind | -0.010 <br> ( -0.66) | 0.006 <br> (0.12) | -0.006 <br> ( -0.37) | 0.102 <br> (0.97) |
| Conprop | -0.002 <br> ( -0.45) | -0.002 <br> ( -0.78) | -0.003 <br> ( -0.89) | -0.001 <br> ( -1.20) |
| Ownerprop | 0.001 <br> (0.37) | 0.001 * <br> (1.66) | 0.002 <br> (0.57) | 0.001 <br> (0.84) |

续表

| 变量 | (1) | (2) | (3) | (4) |
|---|---|---|---|---|
| | $CAR$（−1, 1） | $\Delta ROA_{t-1, t+1}$ | $CAR$（−1, 1） | $\Delta ROA_{t-1, t+1}$ |
| _cons | 0.036<br>(1.53) | 0.054<br>(0.71) | 0.044*<br>(1.76) | 0.227<br>(1.35) |
| F | 3.70 | 11.85 | 4.42 | 2.99 |
| Adj. R-Square | 0.007 | 0.201 | 0.009 | 0.124 |
| N | 1371 | 1371 | 1371 | 1371 |

注：* 、** 、*** 分别表示在10% 、5% 、1% 的水平上显著相关。

### 4.3.6 进一步检验：区分创始控制和非创始控制家族并购倾向

在中国的家族企业中，家族所有者尤其是家族企业创始人是企业战略的主要决策者，具有极大的自由裁量权，其对企业战略决策的影响力和意愿会影响家族企业并购倾向。相对于非创始控制的家族企业，创始控制的家族实际控制人一般都是企业的创立者，与亲手缔造的企业存在深厚的情感纽带，企业产生的经济效益与家族财富是一体的。基于管家理论，创始控制的家族企业具有变革意识，更具风险承担精神，存在将企业做大做强的内在动机，实现个人价值的同时获得社会认同。并购是企业迅速扩大规模、实现多元化经营、获取外部创新资源以及提升企业形象、品牌效应的战略决策，创始控制的家族企业注重企业的长期发展，主动改变现状，为企业长远利益实施必要的并购。因而，创始控制的家族企业可能会进行更多的基业长青导向的并购。非创始人控股家族通过兼并收购等其他方式间接获得上市公司的控制权，更加热衷于通过资本市场运作获得短期超额收益。没有一手创立企业形成的情感联系，非创始人控股家族很难像创始人控股家族成员那般爱惜家族声誉，非创始人不会考虑维护家族声誉这类社会情感财富，以实现短期经济目标占优。相对于创始人家族企业，非创始人家族企业的侵占中小股东的问题更为严重。因而我们预计如果创始控制家族发起更多的并购，即意味着并购动因更多是基于基业长青导向而非创始控制发起更多并购则更可能是利益侵占动机的并购。

表 4 – 15　　　　　　　　　非创始控制与创始控制并购倾向检验

| 变量 | （1）非创始控制 | （2）创始控制 |
|---|---|---|
| Famown | 0.088 *** (2.68) | − 0.005 ( − 0.50) |
| Size | 0.262 ** (2.47) | 0.007 (0.16) |
| Age | − 0.263 ( − 0.64) | − 0.065 ( − 0.68) |
| ROA | 1.027 (0.69) | 1.165 * (1.95) |
| Lev | − 0.627 ( − 0.93) | 0.420 * (1.79) |
| Cashflow | − 2.322 * ( − 1.66) | − 0.930 * ( − 1.74) |
| Growth | 0.069 (0.44) | 0.703 *** (8.67) |
| Dual | − 0.262 ( − 1.16) | 0.072 (1.04) |
| Boardind | 2.473 (1.23) | 0.577 (0.92) |
| Conprop | − 0.074 ** ( − 2.22) | − 0.004 ( − 0.37) |
| Top1 | − 1.290 ( − 0.67) | 1.191 * (1.90) |
| Balance | 0.051 (0.21) | 0.283 *** (3.02) |
| _cons | − 7.860 *** ( − 3.34) | − 2.322 ** ( − 2.40) |
| Chi2 | 47.49 | 176.63 |
| Pseudo. R-Square | 0.067 | 0.031 |
| N | 1088 | 6436 |
| Diff | 0.018 ** | |

注：＊、＊＊、＊＊＊分别表示在10%、5%、1%的水平上显著相关。

回归结果如表 4–15 所示，第（1）列是非创始控制组样本的回归结果，家族控制（*Famown*）的系数为 0.088，在 1% 水平上显著为正，而第（2）列为创始控制组样本的回归结果，系数为 –0.005，结果为负但不显著。对比两组样本回归结果可以看出，非创始控制的家族企业并购更多，这在一定程度上排除了家族企业并购更多是基于基业长青的长期导向，而支持侵占动机假说。

## 4.4 结论

家族企业经营管理的特殊性、多元性引起了许多学者的关注，然而驱动家族企业做出并购决策的影响因素却并未得到更广泛深入的研究。本书基于 2007～2019 年中国 A 股民营上市公司的研究数据，比较家族企业与非家族企业在并购行为上是否存在决策差异以及并购是否能够为企业创造价值。研究发现家族控制与企业并购正向显著，即与非家族企业相比，中国的家族企业实施了更多的并购，家族控制显著提升了企业发起并购的可能性和并购规模。在控制了内生性问题之后，该结论依然成立。此外，家族控制对企业并购倾向的影响在内部资金占用多以及存在控股股东质押和外部市场化环境差、非四大审计的企业中表现更为突出。以"资金占用"度量第二类代理问题，实证结果显示代理问题越严重，并购发起越多，实际控制人对家族企业的超额控制权越大，即实际控制人的控制权和现金流权分离越大，控股股东私利行为的动机越强，家族企业并购越多。进行股权质押的控股股东更倾向于利用并购进行伪市值管理，强化侵占效应，实证检验发现存在股权质押的家族企业发起了更多并购，这都验证了家族企业实施了更多不乏家族控股股东的掠夺动机的并购。并购增加了控股家族可以控制的资源和机会，为家族控股股东的掏空行为提供了便利。基于外部环境的检验也发现市场化环境较差地区的家族企业并购更多，外部监督弱，非四大审计的家族企业发起了更多的并购，进一步验证了家族控制权的"利益侵占假说"。同时本书还发现家族企业有强烈的并购意愿，实施了更多的并购，却没有实现更佳的并购绩效，反过来验证了家族企业的并购动机以及最初的并购决策不够理性。区分是否创始控制的检验发现，非创始控制的家族企业发起更多的并购，结论进一步证实目前中国家族企业并购存在很多非效率投资因素，非创始控制家族存在更多的投机心理、短期获利，而创始控制的家族企业更加珍惜家族企业声誉，并购决策更为谨慎。

中国的大多数家族企业仍然处于成长转型期，家族企业在面临外部产品市场竞争激烈的环境下，追求基业长青的家族企业不乏长期价值导向、转型升级动机的并购，而且家族企业中控股家族一股独大，有能力利用中国尚不成熟的资本市场和非理性个人投资者，通过并购"讲故事"推高股价借机获利，在两种动机的共同作用下，中国家族企业并购更多。这有异于国外文献研究结论，即家族企业基于社会情感财富的维护，尤其是家族控制和"风险规避假说"，投资决策谨慎并购更少。中国家族企业决策者从情感上可能并不愿意开展会给企业带来风险或使企业生存受到威胁的并购活动，然而基于目前的困境，家族企业又必须寻找新的资源和新的发展机会。

并购动机影响企业并购绩效，因而研究家族企业并购行为需要从企业整体层面剖析并购决策的出发点（刘白璐、吕长江，2018）。并购后的市场反应是投资者对公司价值的理性预期，因而并购绩效可以作为衡量并购是否成功的指标之一。另外，企业并购动机影响最终并购绩效，从并购绩效也可以侧面反映企业发动并购的动机，通过检验家族企业并购的短期绩效和长期绩效，实证结果显示家族企业并购长短期绩效均为负，侧面说明即使是家族企业因为转型需求实施的并购，即使是出于良好意愿的并购行为，也可能因为家族企业的并购经验、并购整合能力导致最终并购绩效为负，而不完善的市场环境下大股东利用自身信息优势、估值优势，发动并购推高股价，实现自身短期财富暴涨，再通过大比例股权质押、减值套现自利动机的并购也比比皆是，这必将损害企业的公司业绩，加大资本市场的金融风险，不利于企业的长期可持续发展和国家经济的健康发展。

当前中国经济发展进入新旧动能切换期，宏观经济结构整体遭遇"供给错位"发展痛点，家族企业面临转型困境，中央层面提出"多兼并重组，少破产清算"的整体架构，鼓励企业积极运用并购战略盘活实体经济。实践中不乏基于转型升级动机的并购意愿的家族企业，创始人的积极开拓精神也能够对企业并购起到正面提升作用，然而如何提高企业内部公司治理水平、提升企业并购效率、减少利益侵占动机的价值毁损型并购、提高并购整合能力是需要解决的问题。

家族企业管理者拥有极大的决策自由度，其卓越的管理能力、对企业的掌控能力和已经取得的经营业绩使其更容易产生过度自信倾向（潘爱玲等，2018）。要提高家族企业的并购效率，需要逐步完善企业的公司治理机制，引入更多的利益相关者提高公司治理，加强对决策者非理性动机的监督约束，防止盲目选择并购目标，科学客观评估目标企业的价值，在并购过程及整合阶段要加强控制。

因此下面两章，本书将研究混合所有制改革背景下，家族企业引入国有股权参股能否提升家族企业并购效率，发挥并购协同效应，帮助家族企业实现战略目标，助力家族企业持续健康发展。

# 5

# 国有股权参股与家族企业并购
# 倾向的实证研究

## 5.1 理论分析与研究假设

    家族企业是促进国家经济高速发展的重要力量，在提供就业机会、推动社会发展、引领科技创新上发挥了无可替代的作用。在中国创造经济发展奇迹的过程中，以家族企业为代表的民营经济做出了巨大的贡献。然而近年来，广大民营企业特别是占比超过80%以上的家族企业在代际传承和转型升级的双重挑战背景下暴露出了越来越多的经营问题，大量家族企业集团纷纷陷入困境甚至走上破产清算的绝路。虽然当前民营家族企业的经营困境与宏观经济形势密不可分，但是企业做大以后的外延式扩张、盲目并购及其导致的资金链紧张甚至断裂是这些企业陷入破产重组困境的重要原因之一。

    民营企业是混合所有制改革的重要参与主体，如何将国有股权和民营经济的效率优势有效融合，如何发挥国有股权的异质性股权制衡作用、优化企业股权结构、加强企业公司治理，引导以家族企业为代表的民营企业提升并购效率、发挥协同效应、助力家族企业的转型升级是本书亟待解决的问题。

    新兴经济体中国有股权参股家族企业能够提高企业对政策的感知、理解，减少环境政策不确定性对企业投资、经营的负面影响，加强企业对信息、技术的学习跟进，帮助企业及时调整战略决策、优化投资方案，抓住优质并购机会。

国有股权参股家族企业，国有股东成为家族企业利益相关者之一，在家族企业内部控股股东和中小股东水平代理问题严重、"隧道行为"频繁的情况下，能够保持对家族控股股东的有效制约。即使国有股东只是少数股东，依然能够对家族企业侵占行为产生震慑，对企业治理、非理性决策产生影响（Grosman et al.，2016），这是其他非国有小股东无法企及的监督治理效应（钱爱民、吴春天，2021）。

因而本章将以国有股权参股对家族企业并购倾向为视角重点考察国有股权参股在家族企业并购决策中能否充分发挥异质性股权的治理效应。

企业并购是公司重大的资源配置决策，具有极高的风险，未来收益存在很高的不确定性，也可能会因为并购失败直接威胁到企业的生存。并购需要巨额资金投入，在经济环境不确定性加大的宏观经济背景下，企业面临的融资约束问题也日益严峻，因而家族企业实施并购的意愿会在国内外经济环境变化期间有所抑制。已有研究认为国有股权参股增加了家族企业延伸型社会情感财富，提高家族企业积极并购的意愿。国有股权参股并不改变家族企业性质，延伸型社会情感财富重视家族代际传承有利于提高家族企业的并购意愿（刘白璐、吕长江，2016）。

融资约束对于国内外的企业来说都是其经营和发展中无法回避的难题。作为非国有企业的重要组成部分，家族企业自然也无法回避这一问题。家族企业的融资难究其原因，自身企业规模小、经营发展时间短、缺乏信用都是重要的影响因素。信息不对称是造成企业融资难、融资贵的主要原因之一。有效降低投资者和债权人的信息不对称可以提高融资效率，部分缓解家族企业融资时面临的信息不对称问题。在融资能力提高的情况下，家族企业更有动力发起有利于企业成长发展的并购活动。当企业处于不确定性高的环境中，企业未来经营的不确定性增加，企业更不愿意实施投入巨大、收益不确定的并购活动，因而如何降低环境不确定性、提高家族企业并购意愿更是一个值得思考的问题。

也有研究指出家族企业本身由于家族特性通过控制权以及企业集团、

"金字塔"结构等应对性措施能够部分解决企业所需的资金。家族企业在充分利用现有资源提高管理运营效率上相当有优势，即家族企业自身资源配置效率较高，能够有效配置企业内部资源，充分利用、调配企业特有的隐性资源和社会网络，对外部并购获取资源路径依赖需求减少。然而家族控制权的提高赋予家族控股股东更大的决策自主权和决断能力去实现家族目标，进一步增加了家族控股股东与外部中小股东的信息不对称程度，加大了对外部利益相关者的侵害风险。家族内部产生新的代理问题、控股股东的机会主义导致对其他外部股东的利益侵占（Morck & Yeung, 2003）。

随着家族企业发展壮大，引入非家族投资者也是十分普遍的现象，家族股东与非家族股东共存现象在全世界范围的家族企业中都是常态，因而非家族股东对家族企业的影响研究也日益受到学者们的关注。控股家族在企业中所有权高度集中，家族企业内部非家族股东的介入并不会影响企业的家族属性，控股家族绝对的话语权需要引入异质性股东协同治理，在为企业带来多元资源的同时从股权结构层面发挥制衡作用，在资本不断融合过程中通过董事会参与发挥实质性治理效应。

从现实层面来说，家族企业中有许多传统制造业企业。在产业结构升级、新旧动能转换的关键时期，家族企业面临经济转型、解决过剩产能、挖掘新的经济增长点的重大难题，这也意味着在未来经济新常态的发展过程中，并购活动将更加频繁开展。如何提高家族企业的并购效率、增强并购行为的市场化导向，健全资本市场对企业并购的监管将直接影响到家族企业能否成功转型。并购是企业重要的战略决策，具有较强的专业性，并购活动的整个过程也具有复杂性特征，控股家族相对来说缺乏专业的人才、相应的知识储备，并购经验不足，因而，仅仅依靠家族内部资源很难实现并购前期目标选择、后期整合协同，相较于社会资本等外部因素，国有股权参与发挥异质性股东的治理作用非常重要。混合所有制改革是中国特色的基于股权制衡理论的创新性实践，国有股东其决策的出发点不仅仅在于经济利益，还有人民福祉、社会责任的考量，而非国有股东经济目标更为明确单一，虽能体现市场主体的效率，但也存在利益侵占动机，不惜损害中小股东利益的过度逐利行为。家文化的"一言堂"决策模式存在明显弊端，不同性质的股权具有显著差异，在中国特色的经济政治制度背景下，交叉融合可以在转型时期显示出巨大的优越性，而符合经济规律的股东制衡理论在混合所有制改革中更需要加以实施，充分发挥其作用。异质性股东的制衡作用可以优化家族企业的公司治理水平，提升企业的决策效率，最终提高企业绩效。

已有研究证实股权制衡可以有效缓解企业代理问题，提升公司治理水平。当企业前两大股东性质不同时，股权制衡效果最好，而如果前两大股东都属于民营企业，大股东合谋倾向特别显著（刘星、刘伟，2007）。因而对于家族企业来说，国有股权作为来自不同股权性质的制衡力量可以在一定程度上约束控股股东的利益侵占动机。实施股权制衡的前提和保证是制衡性股东要具有监督制衡的能力和意愿，在家族控制的企业中具有一定的影响力。国有股东则符合相应条件，相对于家族大股东、其他关联股东，国有股东属于异质性股东，具有独立决策能力，相对来说合谋动机较低。同时兼具了"大股东"的特性，相对于势单力薄、信息劣势的中小股东，国有股东可以参与公司重大经营决策、直接或间接参与企业日常管理、对控股股东和家族管理者的机会主义行为形成事前震慑、事中控制。

并购是企业重要的投资战略决策，是公司治理水平的重要体现，国有股东应该在家族企业重大事项决策方面拥有话语权，对是否实施并购发挥作用，因而能否提高并购效率可以成为检验国有股权治理效应的最好样本。原有的家族控股股东"一股独大"，缺乏监督，很容易做出错误决策。国有股东与家族控股股东之间构成竞争关系，家族企业内部形成了股权制衡的分权控制格局，降低控股家族"一言堂"的地位、能够及时阻止控股家族做出有损国有股东自身利益的重大战略投资决策。家族企业引入国有股权，提高了企业主体股权多样性和彼此制衡程度，抑制了家族控股股东利益侵占动机和能力。多元股权能够产生知识、资源、技术的溢出效应，随着非家族股东的进入，控股家族对中小股东的利益侵占行为会受到非家族股东的监督与抵制，从而抑制家族股东的机会主义行为并保护其他投资者的利益，降低企业内部的代理成本，进而减少利益侵占动机的并购。

综上所述，国有股权对家族企业并购存在"治理效应假说"，预期国有股权和家族企业并购负相关。因此，本章提出假设：

假设 1：基于"治理效应假说"，有国有股权参股的家族企业发起了更少的并购。

## 5.2　研究设计

### 5.2.1　数据来源与样本选取

#### 5.2.1.1　家族企业数据

本章选取我国 A 股 2007～2019 年度上市家族企业为研究对象，按照国泰安（CSMAR）数据库中家族企业基本信息数据，根据已有文献要求界定家族企业，进一步筛选样本数据（苏启林、朱文，2003；刘白璐、吕长江，2018）。经过筛选和整理，共得到家族企业公司年观测值 7548 个，其中含有国有股权的家族企业样本 1832 个。

#### 5.2.1.2　企业并购数据

本章研究使用的并购数据是从国泰安（CSMAR）数据库的"中国上市公司并购重组研究数据库"中获取。参考蔡庆丰等（2017，2019）、刘白璐、吕长江（2018）的研究，按照以下方式进一步剔除与删减初始样本：①剔除金融保险类上市公司；②剔除交易失败的样本；③剔除主并企业为非上市公司的样本；④剔除交易金额在 100 万元以下的样本；⑤剔除同一年份同一企业重复并购的样本，仅取第一次并购事件；⑥剔除相关数据缺失的样本。其他财务和治理数据均来自 CSMAR 数据库。最终得到 1283 个并购样本数据，含有国有股权家族企业发起的并购案有 361 个。

#### 5.2.1.3　国有股权参股数据

首先在巨潮网下载家族企业上市公司年报，获取前十大股东名称、性质，手工收集前十大股东是否属于国有股东、参股的国有股权持股比例以及参股国有股权的股东数量和国有股东董事派遣等相关数据，然后通过百度、新浪、天眼查等网站查找信息缺失或对存在不确定性的信息予以核实补充。

为了降低异常值对研究结果的影响，本章对连续变量在 1% 和 99% 百分位上进行 Winsorize 处理，本章的数据整理及统计分析软件为 STATA 16。根据证监会最新修订的 2012 年发布的行业分类标准，本章家族企业样本行业和年度分布情况如表 5-1 所示。

表 5-1　　　　　　家族企业样本公司的行业和年度分布　　　　　单位：个

| 行业代码 | 2007年 | 2008年 | 2009年 | 2010年 | 2011年 | 2012年 | 2013年 | 2014年 | 2015年 | 2016年 | 2017年 | 2018年 | 2019年 | 合计 |
|---|---|---|---|---|---|---|---|---|---|---|---|---|---|---|
| 农、林、牧、渔业（A） | 1 | 2 | 1 | 2 | 3 | 7 | 9 | 10 | 9 | 13 | 15 | 13 | 13 | 98 |
| 采矿业（B） | 0 | 0 | 0 | 0 | 0 | 1 | 12 | 14 | 17 | 15 | 13 | 15 | 16 | 103 |
| 制造业（C） | 41 | 60 | 92 | 125 | 166 | 326 | 480 | 566 | 569 | 600 | 707 | 795 | 974 | 5501 |
| 电、热、燃气及水生产（D） | 0 | 0 | 1 | 1 | 2 | 2 | 3 | 3 | 4 | 5 | 6 | 6 | 10 | 43 |
| 建筑业（E） | 3 | 4 | 5 | 4 | 6 | 11 | 17 | 20 | 22 | 24 | 27 | 32 | 32 | 207 |
| 批发和零售业（F） | 3 | 2 | 5 | 7 | 8 | 12 | 17 | 20 | 23 | 26 | 30 | 41 | 42 | 236 |
| 交通运输、仓储和邮政业（G） | 1 | 2 | 1 | 1 | 2 | 3 | 2 | 3 | 3 | 5 | 5 | 6 | 8 | 42 |
| 住宿和餐饮业（H） | 0 | 0 | 0 | 0 | 1 | 1 | 2 | 3 | 0 | 1 | 0 | 0 | 0 | 8 |
| 信息传输、软件和信息技术（I） | 5 | 9 | 10 | 14 | 23 | 33 | 47 | 62 | 66 | 89 | 104 | 118 | 121 | 701 |
| 房地产业（K） | 3 | 5 | 12 | 14 | 17 | 21 | 21 | 20 | 19 | 23 | 20 | 21 | 20 | 216 |
| 租赁和商务服务业（L） | 1 | 1 | 1 | 2 | 2 | 3 | 2 | 3 | 4 | 13 | 16 | 20 | 21 | 89 |
| 科学研究和技术服务业（M） | 0 | 0 | 1 | 1 | 3 | 4 | 5 | 7 | 6 | 8 | 10 | 11 | 16 | 72 |
| 水利、环境和公共设施管理（N） | 0 | 0 | 1 | 1 | 0 | 4 | 6 | 7 | 6 | 6 | 12 | 15 | 24 | 82 |
| 卫生和社会工作（Q） | 0 | 0 | 0 | 0 | 1 | 1 | 2 | 2 | 3 | 2 | 5 | 4 | 8 | 28 |
| 文化、体育和娱乐业（R） | 0 | 0 | 0 | 0 | 1 | 2 | 4 | 8 | 10 | 12 | 16 | 17 | 23 | 93 |
| 综合（S） | 2 | 4 | 3 | 4 | 2 | 0 | 2 | 2 | 3 | 3 | 2 | 2 | 0 | 29 |
| 合计 | 60 | 89 | 133 | 176 | 237 | 431 | 629 | 750 | 764 | 845 | 988 | 1116 | 1330 | 7548 |

资料来源：笔者整理。

表5-1显示，本书的家族企业样本的行业分类主要集中于制造业，样本量高达5501个，占全部家族企业样本的72.8%，其次是信息传输、软件和信息技术业，存在701个样本（占比9.28%）、批发和零售业236个样本（占比3.1%）、房地产业216个样本（占比2.8%）和建筑业207个样本（占比2.7%）。自2007～2019年，家族上市公司数量呈逐年上升趋势，市场经济的快速发展带动了民营经济，优质的民营企业更多地挂牌上市，家族企业在A股上市公司中占有举足轻重的位置。

图5-1列示了2007～2019年的家族上市公司年度数量分布以及存在国有股权的家族上市公司年度变化趋势，可以看出家族上市公司的数量逐渐攀升，发展速度非常之快，而存在国有股权的公司占比以2013年、2014年为界限可以呈现两种趋势，从2007～2013年，存在国有股权的公司占比由2007年最高时的50%下降至2013年后的21%，而2013年后随着混合所有制改革的深入推进，存在国有股权的公司占比呈现上升趋势，股权结构是一个动态调整的过程，近年来中国整体宏观经济结构调整布局加快，家族企业的治理结构和发展战略也需要转型升级。宏观经济发展态势、微观企业内部治理结构都将影响家族企业内部的战略决策选择。

图5-1　存在国有股权的家族上市公司年度变化趋势

## 5.2.2 模型构建与变量定义

### 5.2.2.1 被解释变量

家族企业发起并购可能性的二值选择变量（*MA*）：如果实施了并购取值为1，否则为0。

### 5.2.2.2 解释变量

国有股权参股。本书中家族企业国有股权参股的数据是作者根据上市公司前十大股东信息、股东性质手工搜集获得，参照郝阳、龚六堂（2017）的方法，剔除"金融类"国有股东。为衡量国有股权参股对家族企业并购倾向的影响，本书参考（罗宏、秦际栋，2019；逯东等，2019）的研究分别使用家族企业中是否存在国有企业参股（*State*1）以及参股国有股权的持股比例（*State*2）作为解释变量。具体来说，当家族企业前十大股东中存在国有股东时，则定义为国有股权参股，此时变量 *State*1 取值为1，否则为0；变量 *State*2 刻画的是参股国有股权的持股比例，即家族企业前十大股东中，国有股东持股比例的总和。

### 5.2.2.3 控制变量

本章在考察国有股权参股对家族企业并购倾向的影响时，参照张雯等（2013）、陈仕华等（2015）与刘白璐、吕长江（2018）的研究，设置了公司规模（*Size*）、企业年龄（*Age*）、盈利能力（*ROA*）、资产负债率（*Lev*）、现金流（*Cashflow*）、成长性（*Growth*）、两职合一（*Dual*）、独立董事比例（*Boardind*）、实际控制人的控制权（*Conprop*）、第一大股东持股比例（*Top*1）、股权制衡度（*Balance*）等控制变量，同时还设置了年度（*Year*）、行业（*Ind*）虚拟变量以控制未观察到的潜在影响。变量详细含义见表5-2。

表 5-2                                变量定义与说明

| 变量类型 | 变量名称 | 变量符号 | 变量定义 |
|---|---|---|---|
| 被解释变量 | 并购倾向 | MA | 企业是否实施了并购的虚拟变量, 如果实施了并购取值为1, 否则为0 |
| 解释变量 | 国有股权参股 | State1 | 家族企业前十大股东中是否存在国有股东, 是为1, 否则为0 |
| | | State2 | 家族企业中国有股东持股比例之和 |
| 控制变量 | 公司规模 | Size | 企业资产总额的对数值 |
| | 企业年龄 | Age | 企业成立年数+1后取对数 |
| | 盈利能力 | ROA | 企业净利润与资产总额的比值 |
| | 资产负债率 | Lev | 企业的负债与资产总额的比值 |
| | 现金流量 | Cashflow | 经营性现金流量净额与资产总额的比值 |
| | 成长性 | Growth | 企业主营业务收入增长率 |
| | 两职合一 | Dual | 董事长和总经理是否兼任 |
| | 独立董事比例 | Boardind | 独立董事人数占董事会成员总数的比例 |
| | 投票权 | Conprop | 实际控制人的控制权 |
| | 第一大股东持股 | Top1 | 第一大股东持股比例 |
| | 股权制衡度 | Balance | 第二位到第五位大股东持股比例之和/第一大股东持股比例 |

为了检验本章假设, 构建了以下模型:

$$MA = \beta_0 + \beta_1 State + \sum Control - Variables + \sum Year + \sum Ind + \varepsilon$$

$$(5-1)$$

在检验假设2时用 Logit 回归, 如果国有股权参股 (State) 与并购倾向 (MA) 回归系数 $\beta_1$ 显著为负, 即国有股权抑制了家族企业并购倾向则实证结果支持国有股权的治理效应假说。

## 5.3　实证分析

### 5.3.1　描述性统计分析结果

表 5-3 为本章主要变量的描述性统计结果。在样本区间内有 17% 的家

族企业发起了并购。国有股权参股的度量指标之一，是否存在国有股权（State1）的均值为0.34，这表明在我们的家族企业上市公司样本中34%的家族企业引入了国有股权，数据说明国有股权参股家族企业是比较普遍的现象，我们的研究具有现实意义，研究结论可以应用于实践，作为家族企业参与混合所有制改革的参考。参股国有股权持股（State2）的平均值为1.26%，最大值为18.34%，表明国有股权在不少家族企业中是重要的参股股东，具有影响力，能够在一定程度上抑制家族控股股东的利益侵占动机。

表 5 - 3　　　　　　　　　　　主要变量描述性统计

| 变量名称 | 观测值 | 均值 | 中位数 | 标准差 | 最小值 | 最大值 |
| --- | --- | --- | --- | --- | --- | --- |
| $MA$ | 7548 | 0.170 | 0 | 0.370 | 0 | 1 |
| $State1$ | 7548 | 0.340 | 0 | 0.470 | 0 | 1 |
| $State2$ | 7548 | 1.26 | 0 | 3.02 | 0 | 18.34 |
| $Size$ | 7548 | 21.77 | 21.69 | 0.970 | 19.88 | 24.59 |
| $Age$ | 7548 | 2.740 | 2.770 | 0.360 | 1.610 | 3.400 |
| $ROA$ | 7548 | 0.040 | 0.040 | 0.070 | −0.280 | 0.210 |
| $Lev$ | 7548 | 0.380 | 0.360 | 0.190 | 0.050 | 0.850 |
| $Cashflow$ | 7548 | 0.040 | 0.040 | 0.070 | −0.150 | 0.230 |
| $Growth$ | 7548 | 0.220 | 0.140 | 0.430 | −0.550 | 2.480 |
| $Dual$ | 7548 | 0.400 | 0 | 0.490 | 0 | 1 |
| $Boardind$ | 7548 | 0.380 | 0.360 | 0.050 | 0.330 | 0.570 |
| $Conprop$ | 7548 | 39.84 | 38.33 | 15.41 | 12.04 | 75 |
| $Top1$ | 7548 | 0.300 | 0.290 | 0.120 | 0.090 | 0.650 |
| $Balance$ | 7548 | 0.900 | 0.770 | 0.600 | 0.060 | 2.770 |

表5-4是以是否含有国有股权将家族企业样本分成两个子样本，统计其观测值、均值、中位数，并对其均值差异进行t检验。从表5-4可以看出，含有国有股权家族企业和不含国有股权的家族企业之间的财务数据、并购决策存在显著性差异，且大多在1%的水平上统计显著。在单变量检验下，相较于不含国有股权的家族企业，含有国有股权的家族企业并购更少，初步验

证了本章假设国有股权发挥治理效应抑制家族企业并购倾向。含有国有股权的家族企业的公司规模、企业年龄要大于不含国有股权的家族企业，负债更高、盈利能力更优，控制权比例、两职合一的比例显著小于不含国有股权的家族企业。

表 5-4　　　　　　区分含国有股权和不含国有股权的单变量检验

| 变量 | 不含国有股权 | 均值 | 中值 | 含国有股权 | 均值 | 中值 | 均值差异 |
|---|---|---|---|---|---|---|---|
| *MA* | 4963 | 0.180 | 0 | 2585 | 0.140 | 0 | 0.03 *** |
| *Size* | 4963 | 21.66 | 21.60 | 2585 | 22 | 21.89 | -0.34 *** |
| *Age* | 4963 | 2.720 | 2.770 | 2585 | 2.790 | 2.830 | -0.07 *** |
| *ROA* | 4963 | 0.040 | 0.050 | 2585 | 0.050 | 0.050 | 0.01 ** |
| *Lev* | 4963 | 0.370 | 0.350 | 2585 | 0.400 | 0.390 | -0.03 *** |
| *Cashflow* | 4963 | 0.040 | 0.040 | 2585 | 0.040 | 0.040 | 0 |
| *Growth* | 4963 | 0.230 | 0.150 | 2585 | 0.200 | 0.140 | 0.03 *** |
| *Dual* | 4963 | 0.410 | 0 | 2585 | 0.380 | 0 | 0.03 *** |
| *Boardind* | 4963 | 0.380 | 0.380 | 2585 | 0.380 | 0.360 | 0.01 *** |
| *Conprop* | 4963 | 40.87 | 39.42 | 2585 | 37.86 | 36.50 | 3.01 *** |
| *Top*1 | 4963 | 0.310 | 0.290 | 2585 | 0.300 | 0.280 | 0.01 *** |
| *Balance* | 4963 | 0.910 | 0.770 | 2585 | 0.870 | 0.740 | 0.04 *** |

注：*、**、*** 分别表示在 10%、5%、1% 的水平上显著相关。

## 5.3.2　相关性分析

表 5-5 是各主要变量的 Person 相关系数。国有股权（*State*1）与 *MA* 相关系数为 -0.044，且在 1% 的统计水平上显著为负，国有股权（*State*2）与 *MA* 相关系数为 -0.049，且在 1% 的统计水平上显著为负，说明国有股权参股抑制家族企业发起更多并购，这为本章假设提供了初步证据。

表 5－5　相关性分析

| 变量 | MA | State1 | State2 | Size | Age | ROA | Lev | Cashflow | Growth | Dual | Boardind | Conprop | Top1 | Balance |
|---|---|---|---|---|---|---|---|---|---|---|---|---|---|---|
| MA | 1 | | | | | | | | | | | | | |
| State1 | -0.044*** | 1 | | | | | | | | | | | | |
| State2 | -0.049*** | 0.850*** | 1 | | | | | | | | | | | |
| Size | 0.0160 | 0.165*** | 0.180*** | 1 | | | | | | | | | | |
| Age | -0.028** | 0.096*** | 0.104*** | 0.170*** | 1 | | | | | | | | | |
| ROA | 0.043*** | -0.029*** | -0.034*** | 0.032*** | -0.067*** | 1 | | | | | | | | |
| Lev | -0.00100 | 0.075*** | 0.090*** | 0.460*** | 0.075*** | -0.299*** | 1 | | | | | | | |
| Cashflow | -0.020* | -0.00500 | -0.0100 | -0.022* | 0.025** | 0.351*** | -0.191*** | 1 | | | | | | |
| Growth | 0.117*** | -0.034*** | -0.040*** | 0.116*** | -0.0140 | 0.262*** | 0.061*** | -0.0160 | 1 | | | | | |
| Dual | 0.0150 | -0.031*** | -0.038*** | -0.084*** | -0.023** | 0.00500 | -0.064*** | -0.00500 | -0.00800 | 1 | | | | |
| Boardind | 0.0140 | -0.060*** | -0.070*** | -0.050*** | 0.00200 | -0.0150 | -0.00900 | 0.00800 | 0.00900 | 0.116*** | 1 | | | |
| Conprop | -0.0170 | -0.093*** | -0.096*** | 0.024** | -0.0190 | 0.182*** | -0.045*** | 0.099*** | 0.020* | 0.0140 | 0.101*** | 1 | | |
| Top1 | -0.0170 | -0.040*** | -0.051*** | -0.026** | -0.049*** | 0.146*** | -0.027 | 0.067*** | 0.0100 | 0.082*** | 0.119*** | 0.710*** | 1 | |
| Balance | 0.036*** | -0.031*** | -0.0150 | 0.024** | 0.019* | -0.0120 | -0.047*** | 0.00500 | 0.056*** | -0.089*** | -0.098*** | -0.236*** | -0.703*** | 1 |

注：*、**、***分别表示在10%、5%、1%的水平上显著相关。

### 5.3.3 模型回归分析结果

表 5-6 列示了 Logit 模型国有股权参股与家族企业并购倾向的回归结果。无论是否引入控制变量，国有股权参股哑变量（State1）都与家族企业并购倾向（MA）在 1% 水平上显著负相关，系数分别为 -0.244、-0.236 和 -0.240，国有股东持股比例（State2）都与家族企业并购倾向（MA）在 1% 水平上显著负相关，系数分别为 -0.188、-0.180 和 -0.181，国有股权参股抑制了家族企业发起更多的并购，国有股权治理假说得以验证。

表 5-6　　　　　　　国有股权参股与家族企业并购倾向

| 变量 | (1) | (2) | (3) | (4) | (5) | (6) |
| --- | --- | --- | --- | --- | --- | --- |
| | MA | MA | MA | MA | MA | MA |
| State1 | -0.244 ***<br>(-3.66) | -0.236 ***<br>(-3.41) | -0.240 ***<br>(-3.43) | | | |
| State2 | | | | -0.188 ***<br>(-4.21) | -0.180 ***<br>(-3.91) | -0.181 ***<br>(-3.87) |
| Size | | 0.056<br>(1.54) | 0.081 **<br>(2.19) | | 0.059<br>(1.64) | 0.085 **<br>(2.29) |
| Age | | -0.182 **<br>(-2.17) | -0.126<br>(-1.46) | | -0.178 **<br>(-2.11) | -0.123<br>(-1.43) |
| ROA | | 1.153 **<br>(2.14) | 1.204 **<br>(2.26) | | 1.152 **<br>(2.14) | 1.202 **<br>(2.26) |
| Lev | | -0.099<br>(-0.50) | 0.185<br>(0.87) | | -0.094<br>(-0.48) | 0.186<br>(0.88) |
| Cashflow | | -1.058 **<br>(-2.29) | -1.171 **<br>(-2.43) | | -1.055 **<br>(-2.28) | -1.165 **<br>(-2.42) |
| Growth | | 0.540 ***<br>(8.38) | 0.537 ***<br>(8.01) | | 0.537 ***<br>(8.31) | 0.535 ***<br>(7.95) |
| Dual | | 0.087<br>(1.34) | 0.066<br>(1.02) | | 0.085<br>(1.32) | 0.065<br>(0.99) |
| Boardind | | 0.760<br>(1.29) | 0.673<br>(1.13) | | 0.732<br>(1.24) | 0.649<br>(1.09) |

续表

| 变量 | (1)<br>MA | (2)<br>MA | (3)<br>MA | (4)<br>MA | (5)<br>MA | (6)<br>MA |
|---|---|---|---|---|---|---|
| Conprop | | -0.008 **<br>(-2.32) | -0.006 *<br>(-1.93) | | -0.008 **<br>(-2.36) | -0.007 **<br>(-1.98) |
| Top1 | | 0.860<br>(1.53) | 1.009 *<br>(1.78) | | 0.865<br>(1.54) | 1.011 *<br>(1.78) |
| Balance | | 0.213 ***<br>(2.59) | 0.240 ***<br>(2.89) | | 0.215 ***<br>(2.62) | 0.242 ***<br>(2.93) |
| _cons | -1.533 ***<br>(-41.46) | -2.837 ***<br>(-3.54) | -3.822 ***<br>(-4.38) | -1.531 ***<br>(-43.14) | -2.919 ***<br>(-3.63) | -3.889 ***<br>(-4.44) |
| Chi2 | 13.37 | 143.20 | 192.19 | 17.74 | 146.35 | 195.24 |
| Pseudo. R-Square | 0.002 | 0.019 | 0.030 | 0.003 | 0.020 | 0.030 |
| N | 7548 | 7548 | 7548 | 7548 | 7548 | 7548 |
| Year_FE | NO | NO | YES | NO | NO | YES |
| Ind_FE | NO | NO | YES | NO | NO | YES |

注：*、**、*** 分别表示在10%、5%、1%的水平上显著相关。

## 5.3.4 稳健性检验

### 5.3.4.1 更改被解释变量衡量方法

在前文的回归中，被解释变量用是否发生并购来衡量，为了提高结果稳健性，此处我们以并购规模（家族企业在一个年度内全部的并购行为所支付的价格总和并进行对数化处理）作为替换。实证结果显示如表5-7所示，国有股权参股哑变量（State1）与家族企业并购规模（Amount）在1%水平上显著负相关，系数分别为-0.671、-0.637和-0.665，国有股东持股比例（State2）与家族企业并购规模（Amount）在1%水平上显著负相关，系数分别为-0.465，-0.446和-0.409，国有股权参股显著降低了家族企业并购规模，研究假设依然成立。

表5－7　　　　　　　　　　稳健性检验：并购规模

| 变量 | （1） Amount | （2） Amount | （3） Amount | （4） Amount | （5） Amount | （6） Amount |
|---|---|---|---|---|---|---|
| State1 | −0.671 ***<br>（−3.91） | −0.637 ***<br>（−3.65） | −0.665 ***<br>（−3.85） | | | |
| State2 | | | | −0.465 ***<br>（−4.31） | −0.446 ***<br>（−4.06） | −0.409 ***<br>（−3.75） |
| Size | | 0.219 **<br>（2.23） | −0.009<br>（−0.08） | | 0.227 **<br>（2.31） | −0.003<br>（−0.02） |
| Age | | −0.415 *<br>（−1.82） | −0.712 ***<br>（−2.77） | | −0.403 *<br>（−1.77） | −0.699 ***<br>（−2.71） |
| ROA | | 1.809<br>（1.27） | 3.360 **<br>（2.34） | | 1.815<br>（1.27） | 3.343 **<br>（2.32） |
| Lev | | −0.398<br>（−0.77） | 1.895 ***<br>（3.45） | | −0.380<br>（−0.73） | 1.879 ***<br>（3.42） |
| Cashflow | | −2.504 *<br>（−1.94） | −1.503<br>（−1.15） | | −2.520 *<br>（−1.95） | −1.505<br>（−1.15） |
| Growth | | 1.812 ***<br>（9.11） | 1.488 ***<br>（7.52） | | 1.802 ***<br>（9.05） | 1.484 ***<br>（7.50） |
| Dual | | 0.197<br>（1.18） | 0.086<br>（0.52） | | 0.193<br>（1.15） | 0.086<br>（0.52） |
| Boardind | | 1.923<br>（1.25） | 0.615<br>（0.41） | | 1.846<br>（1.20） | 0.595<br>（0.39） |
| Conprop | | −0.021 **<br>（−2.40） | −0.018 **<br>（−2.07） | | −0.021 **<br>（−2.43） | −0.018 **<br>（−2.07） |
| Top1 | | 2.323<br>（1.54） | 3.338 **<br>（2.25） | | 2.343<br>（1.55） | 3.330 **<br>（2.24） |
| Balance | | 0.600 ***<br>（2.68） | 0.813 ***<br>（3.69） | | 0.607 ***<br>（2.71） | 0.820 ***<br>（3.73） |
| _cons | 3.381 ***<br>（33.65） | −1.681<br>（−0.77） | 0.288<br>（0.11） | 3.367 ***<br>（35.23） | −1.891<br>（−0.87） | 0.142<br>（0.06） |
| Chi2 | 15.24 | 154.07 | 497.32 | 18.58 | 157.18 | 496.57 |
| Pseudo. R-Square | 0.000 | 0.003 | 0.010 | 0.000 | 0.003 | 0.010 |
| N | 7548 | 7548 | 7548 | 7548 | 7548 | 7548 |
| Year_FE | NO | NO | YES | NO | NO | YES |
| Ind_FE | NO | NO | YES | NO | NO | YES |

注：*、**、*** 分别表示在10%、5%、1%的水平上显著相关。

### 5.3.4.2 更改解释变量衡量方法

在前文的回归中，解释变量分别用国有股权的有无（State1）和国有股权持股比例（State2）来衡量，此处我们用国有股东数量（State N）进行稳健性检验。实证结果显示如表 5-8 所示，国有股东数量（State N）与家族企业并购倾向（MA）回归系数为负，分别为 -0.017，-0.020 和 -0.022，在 10% 和 5% 水平显著负相关，国有股权参股能够降低家族企业并购规模，研究假设依然成立。

表 5-8　　　　　　　　　稳健性检验：国有股东持股数量

| 变量 | (1) MA | (2) MA | (3) MA |
|---|---|---|---|
| State N | -0.017<br>(-1.61) | -0.020 *<br>(-1.83) | -0.022 **<br>(-2.01) |
| Size | | 0.041<br>(1.14) | 0.067 *<br>(1.82) |
| Age | | -0.190 **<br>(-2.26) | -0.132<br>(-1.52) |
| ROA | | 1.195 **<br>(2.21) | 1.241 **<br>(2.33) |
| Lev | | -0.084<br>(-0.43) | 0.201<br>(0.95) |
| Cashflow | | -1.048 **<br>(-2.27) | -1.153 **<br>(-2.40) |
| Growth | | 0.545 ***<br>(8.50) | 0.542 ***<br>(8.12) |
| Dual | | 0.089<br>(1.39) | 0.069<br>(1.06) |
| Boardind | | 0.768<br>(1.30) | 0.675<br>(1.13) |
| Conprop | | -0.008 **<br>(-2.38) | -0.007 **<br>(-2.03) |
| Top1 | | 0.945 *<br>(1.68) | 1.107 *<br>(1.95) |

续表

| 变量 | (1) | (2) | (3) |
|---|---|---|---|
| | *MA* | *MA* | *MA* |
| *Balance* | | 0. 239 *** <br> (2. 91) | 0. 268 *** <br> (3. 22) |
| _cons | − 1. 590 *** <br> ( − 47. 85) | − 2. 598 *** <br> ( − 3. 27) | − 3. 580 *** <br> ( − 4. 13) |
| Chi2 | 2. 59 | 134. 72 | 184. 92 |
| Pseudo. R-Square | 0. 000 | 0. 018 | 0. 029 |
| N | 7548 | 7548 | 7548 |
| Year_FE | NO | NO | YES |
| Ind_FE | NO | NO | YES |

注：* 、** 、*** 分别表示在 10% 、5% 、1% 的水平上显著相关。

### 5. 3. 4. 3　倾向匹配方法（PSM）

考虑到样本自选择问题对结果造成的偏差，进一步运用 PSM 进行稳健性检验。首先按照家族上市公司前十大股东中是否存在国有股权为依据进行分组，存在国有股权的样本为实验组（*Treat* = 1），否则为控制组（*Treat* = 0），选取前文中的控制变量作为协变量进行 1∶1 匹配。进一步，我们对匹配后的样本代入模型（2）进行回归分析，表 5 − 9 第（1）列的回归结果显示国有股权参股 *State*1 重新回归的结果，系数为 − 0. 176 在 10% 水平上显著负相关，第（2）列的回归结果显示国有股权参股（*State*2）重新回归的结果，系数为 − 0. 174 在 1% 水平上显著负相关，验证了前文结果的稳健性。

**表 5 − 9**　　　　　　　　　　　**PSM 检验**

| 变量 | (1) | (2) |
|---|---|---|
| | *MA* | *MA* |
| *State*1 | − 0. 176 * <br> ( − 1. 89) | |
| *State*2 | | − 0. 174 *** <br> ( − 3. 01) |

续表

| 变量 | （1） | （2） |
|---|---|---|
| | MA | MA |
| Size | −0.090 <br> （−1.54） | −0.081 <br> （−1.39） |
| Age | −0.373** <br> （−2.57） | −0.353** <br> （−2.41） |
| ROA | 2.076** <br> （2.46） | 1.966** <br> （2.30） |
| Lev | 0.650** <br> （2.12） | 0.725** <br> （2.33） |
| Cashflow | −1.509** <br> （−2.07） | −1.750** <br> （−2.39） |
| Growth | 0.349*** <br> （4.51） | 0.347*** <br> （4.44） |
| Dual | 0.041 <br> （0.43） | −0.010 <br> （−0.10） |
| Boardind | −0.427 <br> （−0.49） | −0.178 <br> （−0.20） |
| Conprop | 0.006 <br> （0.87） | 0.006 <br> （0.87） |
| _cons | 0.303 <br> （0.21） | −0.026 <br> （−0.02） |
| Chi2 | 289.30 | 289.30 |
| Pseudo. R-Square | 0.0298 | 0.0298 |
| N | 3612 | 3636 |
| Year_FE | YES | YES |
| Ind_FE | YES | YES |

注：*、**、***分别表示在10%、5%、1%的水平上显著相关。

## 5.3.5 国有股权治理效应的异质性检验

### 5.3.5.1 国有股权治理效应的异质性检验：基于资金占用的检验

国有股权参股如果能够发挥治理效应，则可以推断在资金占用高、第二类代理问题严重、"掏空"动机明显的家族企业中约束作用更为显著。实证检验发现，如表 5-10 所示，国有股权参股对家族企业并购的负向作用在资金占用高的企业更为显著。

表 5-10                                        基于资金占用的检验

| 变量 | (1) | (2) | (3) | (4) |
|------|------|------|------|------|
|      | 资金占用低 | 资金占用高 | 资金占用低 | 资金占用高 |
| State1 | 0.051<br>(0.54) | -0.256 ***<br>(-2.72) | | |
| State2 | | | 0.005<br>(0.06) | -0.338 ***<br>(-3.50) |
| Size | -0.318 ***<br>(-3.97) | 0.193 **<br>(2.49) | -0.312 ***<br>(-3.86) | 0.208 ***<br>(2.67) |
| Age | -0.688 ***<br>(-3.70) | -0.380 **<br>(-2.43) | -0.684 ***<br>(-3.68) | -0.365 **<br>(-2.33) |
| ROA | 5.124 ***<br>(4.01) | -1.071<br>(-0.87) | 5.132 ***<br>(4.01) | -1.180<br>(-0.96) |
| Lev | 1.467 ***<br>(3.49) | -1.085 ***<br>(-2.79) | 1.462 ***<br>(3.48) | -1.074 ***<br>(-2.76) |
| Cashflow | -1.669<br>(-1.64) | 0.484<br>(0.50) | -1.665<br>(-1.64) | 0.520<br>(0.54) |
| Growth | 0.548 ***<br>(3.74) | 0.351 **<br>(2.39) | 0.543 ***<br>(3.71) | 0.340 **<br>(2.31) |
| Dual | 0.030<br>(0.25) | 0.195<br>(1.56) | 0.030<br>(0.25) | 0.194<br>(1.55) |
| Boardind | 1.637<br>(1.44) | -0.640<br>(-0.57) | 1.592<br>(1.41) | -0.660<br>(-0.58) |
| Conprop | -0.004<br>(-0.22) | -0.013<br>(-0.74) | -0.005<br>(-0.25) | -0.013<br>(-0.76) |
| Top1 | -0.004<br>(-0.20) | 0.007<br>(0.38) | -0.004<br>(-0.19) | 0.008<br>(0.45) |
| _cons | 5.837 ***<br>(3.19) | -4.329 ***<br>(-2.64) | 5.742 ***<br>(3.11) | -4.684 ***<br>(-2.83) |
| Chi2 | 72.57 | 31.47 | 72.28 | 37.38 |
| Pseudo. R-Square | 0.037 | 0.016 | 0.037 | 0.019 |
| N | 2500 | 2717 | 2500 | 2717 |
| Diff | 0.00 *** | | 0.00 *** | |

注：* 、** 、*** 分别表示在10%、5%、1%的水平上显著相关。

### 5.3.5.2 国有股权治理效应的异质性检验：基于是否存在控股股东质押的检验

家族企业中控股股东进行股权质押存在"掏空"动机发起了更多的并购，如果国有股权参股能够发挥制衡效应，则可以预计国有股权参股对家族企业并购倾向的抑制作用在存在股权质押组更为显著。实证检验的结果如表5-11所示，国有股权参股对家族企业并购的负向作用在存在控股股东股权质押的企业更为显著。

表5-11　　　　　　　　　基于控股股东股权质押的检验

| 变量 | (1) 无质押 | (2) 有质押 | (3) 无质押 | (4) 有质押 |
|---|---|---|---|---|
| State1 | −0.111<br>(−0.83) | −0.293 ***<br>(−3.54) | | |
| State2 | | | −0.090<br>(−1.02) | −0.216 ***<br>(−3.85) |
| Size | 0.174 **<br>(2.39) | −0.007<br>(−0.16) | 0.177 **<br>(2.44) | −0.004<br>(−0.10) |
| Age | −0.094<br>(−0.63) | −0.312 ***<br>(−2.80) | −0.094<br>(−0.64) | −0.305 ***<br>(−2.75) |
| ROA | 0.573<br>(0.54) | 1.869 ***<br>(2.94) | 0.587<br>(0.55) | 1.851 ***<br>(2.91) |
| Lev | −0.193<br>(−0.46) | 0.104<br>(0.41) | −0.187<br>(−0.44) | 0.103<br>(0.40) |
| Cashflow | −0.639<br>(−0.68) | −1.089 *<br>(−1.89) | −0.634<br>(−0.68) | −1.094 *<br>(−1.90) |
| Growth | 0.344 **<br>(2.36) | 0.543 ***<br>(7.03) | 0.343 **<br>(2.34) | 0.540 ***<br>(6.97) |
| Dual | 0.095<br>(0.77) | 0.030<br>(0.39) | 0.098<br>(0.79) | 0.024<br>(0.31) |
| Boardind | 1.147<br>(1.07) | 0.358<br>(0.49) | 1.115<br>(1.04) | 0.349<br>(0.48) |
| Conprop | −0.007<br>(−1.36) | −0.005<br>(−1.08) | −0.007<br>(−1.37) | −0.005<br>(−1.16) |

续表

| 变量 | （1） | （2） | （3） | （4） |
| --- | --- | --- | --- | --- |
| | 无质押 | 有质押 | 无质押 | 有质押 |
| *Top*1 | 1.581 (1.56) | 0.752 (1.05) | 1.559 (1.54) | 0.787 (1.10) |
| *Balance* | 0.390 ** (2.56) | 0.271 *** (2.63) | 0.388 ** (2.56) | 0.278 *** (2.70) |
| _cons | −6.379 *** (−3.83) | −1.183 (−1.10) | −6.434 *** (−3.86) | −1.241 (−1.15) |
| Chi2 | 44.38 | 168.85 | 20.76 | 171.40 |
| Pseudo. R-Square | 0.021 | 0.039 | 0.363 | 0.040 |
| N | 2713 | 4803 | 2713 | 4803 |
| Year_FE | YES | YES | YES | YES |
| Ind_FE | YES | YES | YES | YES |

注：*、**、*** 分别表示在 10%、5%、1% 的水平上显著相关。

### 5.3.5.3 国有股权治理效应的异质性检验：基于市场化环境的检验

相对于市场化环境好的地区，市场化环境差的地区的资源配置优势更大，当外部法律环境与投资者保护较好时，企业处于市场化环境好的地区，市场化进程更快，侵占效应要小，而在投资者保护较弱以及法律环境差的地区，家族控制权的侵占效应更加明显，我们预计国有股权的治理效应在市场化环境较差的家族企业中表现更为显著。实证检验的结果如表5-12所示。

表 5-12　　　　　　　　　　基于市场化环境的检验

| 变量 | （1） | （2） | （3） | （4） |
| --- | --- | --- | --- | --- |
| | 市场化环境较好 | 市场化环境较差 | 市场化环境较好 | 市场化环境较差 |
| *State*1 | 0.051 (0.54) | −0.256 *** (−2.72) | | |
| *State*2 | | | 0.005 (0.06) | −0.338 *** (−3.50) |
| *Size* | −0.318 *** (−3.97) | 0.193 ** (2.49) | −0.312 *** (−3.86) | 0.208 *** (2.67) |

续表

| 变量 | （1） | 2 | 3 | 4 |
|------|------|------|------|------|
| | 市场化环境较好 | 市场化环境较差 | 市场化环境较好 | 市场化环境较差 |
| $Age$ | -0.688 *** <br> （-3.70） | -0.380 ** <br> （-2.43） | -0.684 *** <br> （-3.68） | -0.365 ** <br> （-2.33） |
| $ROA$ | 5.124 *** <br> （4.01） | -1.071 <br> （-0.87） | 5.132 *** <br> （4.01） | -1.180 <br> （-0.96） |
| $Lev$ | 1.467 *** <br> （3.49） | -1.085 *** <br> （-2.79） | 1.462 *** <br> （3.48） | -1.074 *** <br> （-2.76） |
| $Cashflow$ | -1.669 <br> （-1.64） | 0.484 <br> （0.50） | -1.665 <br> （-1.64） | 0.520 <br> （0.54） |
| $Growth$ | 0.548 *** <br> （3.74） | 0.351 ** <br> （2.39） | 0.543 *** <br> （3.71） | 0.340 ** <br> （2.31） |
| $Dual$ | 0.030 <br> （0.25） | 0.195 <br> （1.56） | 0.030 <br> （0.25） | 0.194 <br> （1.55） |
| $Boardind$ | 1.637 <br> （1.44） | -0.640 <br> （-0.57） | 1.592 <br> （1.41） | -0.660 <br> （-0.58） |
| $Conprop$ | -0.004 <br> （-0.22） | -0.013 <br> （-0.74） | -0.005 <br> （-0.25） | -0.013 <br> （-0.76） |
| $Top1$ | -0.004 <br> （-0.20） | 0.007 <br> （0.38） | -0.004 <br> （-0.19） | 0.008 <br> （0.45） |
| _cons | 5.837 *** <br> （3.19） | -4.329 *** <br> （-2.64） | 5.742 *** <br> （3.11） | -4.684 *** <br> （-2.83） |
| Chi2 | 72.57 | 31.47 | 72.28 | 37.38 |
| Pseudo. R-Square | 0.037 | 0.016 | 0.037 | 0.019 |
| N | 5132 | 2852 | 5132 | 2852 |
| Diff | 0.00 *** | | 0.00 *** | |

注：*、**、*** 分别表示在10%、5%、1%的水平上显著相关。

回归结果如表5-12所示，第（1）列、第（3）列是市场化环境较好组样本的回归结果，关键解释变量国有股权（$State1$）的系数分别为0.051、0.005，正向不显著，而第（2）列、第（4）列为市场化环境较差组样本的回归结果，关键解释变量国有股权（$State2$）的系数分别为-0.256、-0.338，在1%水平上显著为负。对比两组样本回归结果可以看出，国有股权参股对市场化环境较差地区的家族企业并购抑制作用更为明显，治理效应更为突出。

### 5.3.5.4 国有股权治理效应的异质性检验：基于是否四大审计的检验

相对于四大审计的企业，非四大审计的企业"掏空"动机更大，国有股权的治理效应在非四大审计的家族企业中表现更为显著。实证检验的结果如表5-13所示。

| 表5-13 | | 基于是否四大审计的检验 | | |
|---|---|---|---|---|
| 变量 | (1) | (2) | (3) | (4) |
| | 四大 | 非四大 | 四大 | 非四大 |
| State1 | 0.887<br>(0.57) | -0.247***<br>(-3.51) | | |
| State2 | | | 1.955<br>(1.55) | -0.188***<br>(-3.99) |
| Size | -0.375<br>(-0.27) | 0.100***<br>(2.64) | -1.122<br>(-0.78) | 0.105***<br>(2.76) |
| Age | 1.858<br>(0.70) | -0.140<br>(-1.61) | 1.943<br>(0.64) | -0.137<br>(-1.59) |
| ROA | 37.761**<br>(2.25) | 1.198**<br>(2.25) | 40.618**<br>(2.40) | 1.195**<br>(2.24) |
| Lev | -2.504<br>(-0.37) | 0.180<br>(0.85) | -2.711<br>(-0.42) | 0.180<br>(0.85) |
| Cashflow | -1.732<br>(-0.27) | -1.154**<br>(-2.38) | -6.449<br>(-1.02) | -1.148**<br>(-2.37) |
| Growth | 0.304<br>(0.33) | 0.535***<br>(7.91) | 0.858<br>(0.97) | 0.532***<br>(7.85) |
| Dual | 1.995<br>(0.79) | 0.068<br>(1.05) | 3.461<br>(1.24) | 0.066<br>(1.01) |
| Boardind | 13.689<br>(0.70) | 0.736<br>(1.22) | 12.045<br>(0.68) | 0.708<br>(1.18) |
| Conprop | -0.126<br>(-1.26) | -0.006*<br>(-1.81) | -0.173<br>(-1.43) | -0.006*<br>(-1.87) |

| 变量 | (1) | (2) | (3) | (4) |
| --- | --- | --- | --- | --- |
| | 四大 | 非四大 | 四大 | 非四大 |
| *Top*1 | −3.499<br>(−0.20) | 0.977*<br>(1.70) | 1.502<br>(0.09) | 0.981*<br>(1.71) |
| *Balance* | −1.236<br>(−0.39) | 0.236***<br>(2.83) | −0.061<br>(−0.02) | 0.239***<br>(2.86) |
| _cons | 1.006<br>(0.05) | −4.192***<br>(−4.72) | 15.411<br>(0.76) | −4.270***<br>(−4.79) |
| Chi2 | 21.51 | 191.40 | 194.50 | 20.76 |
| Pseudo. R-Square | 0.339 | 0.030 | 0.030 | 0.363 |
| N | 58 | 7434 | 58 | 7434 |
| Year_FE | YES | YES | YES | YES |
| Ind_FE | YES | YES | YES | YES |
| Diff | 0.074* | | 0.041** | |

注：*、**、*** 分别表示在10%、5%、1%的水平上显著相关。

回归结果如表5−13所示，第（1）列、第（3）列是四大审计组样本的回归结果，关键解释变量国有股权（*State*1）的系数分别为0.887、1.955，正向不显著，而第（2）列、第（4）列为非四大审计组样本的回归结果，关键解释变量国有股权（*State*2）的系数分别为−0.247、−0.188，在1%水平上显著为负。对比两组样本回归结果可以看出，国有股权参股对非四大审计的家族企业并购抑制作用更为明显，治理效应更为突出。

## 5.3.6 进一步分析

### 5.3.6.1 并购源头检验

前文实证检验发现国有股权参股抑制了家族企业利益侵占动机的并购倾向，参考逯东等（2019）的研究，国有股权发挥治理效应，提升家族企业并购效率应该体现在减少非效率并购，而家族企业典型的无效并购即为关联并

购，我们将检验国有股权参股是否显著减少了关联并购。实证检验结果如表
5－14所示，无论是存在国有股权还是国有股权持股比例的检验都验证了国
有股权减少非效率并购，从源头上抑制无效并购的假设。

表 5－14 并购源头检验

| 变量 | (1) | (2) |
|---|---|---|
| | 关联并购 | 关联并购 |
| State1 | −0.732 *** <br> (4.04) | |
| State2 | | −0.546 *** <br> (3.72) |
| Size | 0.849 *** <br> (8.00) | 0.852 *** <br> (7.99) |
| Age | 0.821 *** <br> (4.77) | 0.823 *** <br> (4.79) |
| ROA | −1.936 <br> (−1.45) | −1.990 <br> (−1.48) |
| Lev | 4.974 *** <br> (7.84) | 4.955 *** <br> (7.82) |
| Cashflow | 1.528 <br> (1.27) | 1.560 <br> (1.30) |
| Growth | 0.168 <br> (0.81) | 0.172 <br> (0.82) |
| Dual | −0.101 <br> (−0.75) | −0.100 <br> (−0.75) |
| Boardind | 0.716 <br> (0.53) | 0.775 <br> (0.58) |
| Top1 | −0.355 <br> (−0.38) | −0.349 <br> (−0.38) |
| Balance | 0.031 <br> (0.17) | 0.028 <br> (0.16) |
| _cons | −18.613 ** <br> (−7.79) | −18.683 *** <br> (−7.79) |
| Chi2 | 250.32 | 244.59 |
| Pseudo. R-Square | 0.1765 | 0.1762 |
| N | 1257 | 1257 |

注：*、**、***分别表示在10%、5%、1%的水平上显著相关。

#### 5.3.6.2 是否创始控制检验

与非创始控制家族相比，创始控制家族更加爱惜声誉、珍惜一手缔造的企业，具有长期视野，非创始控制家族更倾向于发起利益侵占动机的并购，因而国有股权参股的治理相应预计在非创始控制组更为显著。回归结果如表5－15所示。

表5－15 是否创始控制检验

| 变量 | (1) 非创始 | (2) 创始控制 | (3) 非创始 | (4) 创始控制 |
|---|---|---|---|---|
| $State1$ | −0.216 *** (−2.87) | −0.139 (−0.66) | | |
| $State2$ | | | −0.218 *** (−2.88) | −0.244 (−1.22) |
| $Size$ | 0.276 ** (2.50) | 0.025 (0.59) | 0.220 ** (2.16) | 0.026 (0.60) |
| $Age$ | −0.225 (−0.55) | −0.048 (−0.52) | −0.309 (−0.89) | −0.061 (−0.66) |
| $ROA$ | 0.848 (0.58) | 1.169 ** (2.00) | 2.025 (1.56) | 0.953 (1.60) |
| $Lev$ | −0.615 (−0.91) | 0.410 * (1.74) | −0.723 (−1.25) | 0.385 (1.62) |
| $Cashflow$ | −2.253 (−1.61) | −0.967 * (−1.80) | −1.831 (−1.41) | −0.910 * (−1.69) |
| $Growth$ | 0.068 (0.43) | 0.697 *** (8.54) | 0.106 (0.78) | 0.759 *** (8.83) |
| $Dual$ | −0.234 (−1.04) | 0.069 (1.00) | 0.081 (0.43) | 0.050 (0.72) |
| $Boardind$ | 2.485 (1.24) | 0.499 (0.79) | 4.052 ** (2.17) | 0.362 (0.57) |
| $Conprop$ | 0.003 (0.25) | −0.009 *** (−2.66) | 0.005 (0.47) | −0.008 ** (−2.18) |
| $Top1$ | 0.093 (0.05) | 1.164 * (1.86) | 1.164 (0.65) | 0.891 (1.44) |

续表

| 变量 | （1）<br>非创始 | （2）<br>创始控制 | （3）<br>非创始 | （4）<br>创始控制 |
|---|---|---|---|---|
| *Balance* | 0.100<br>（0.43） | 0.273 ***<br>（2.91） | 0.329<br>（1.41） | 0.205 **<br>（2.23） |
| _cons | − 8.681 ***<br>（− 3.61） | − 2.612 ***<br>（− 2.66） | − 8.684 ***<br>（− 3.53） | − 2.568 **<br>（− 2.57） |
| Chi2 | 41.18 | 185.50 | 53.56 | 174.16 |
| Pseudo. R-Square | 0.058 | 0.032 | 0.071 | 0.030 |
| N | 1088 | 6436 | 1088 | 6436 |
| Year_FE | YES | YES | YES | YES |
| Ind_FE | YES | YES | YES | YES |
| Diff | 0.014 ** | | 0.178 | |

注：*、**、*** 分别表示在10%、5%、1%的水平上显著相关。

### 5.3.6.3　国有股权参与度检验

在国有股权参股的度量上，本书不仅手工获取了国有股东有无、国有股东持股比例以及国有股东数量三个指标，还进一步获取国有股东董事派遣的数据。已有研究认为混合所有制改革真正发挥效应不仅在于形式上的"混"还要有实质上的"改"，即在董事会有话语权，尽管与非国有股东在国有企业的发声相比，国有股东在家族企业具有更大的威慑力，通过股权结构（股东持股）能够发挥一定的影响力和治理作用，然而董事会参与（委派董事）这个维度介入家族企业的公司治理效应理论上更能实质性地发挥监督制衡作用，也能消除国有股东所有者缺位的顾虑。国有股东能够有效抑制家族股东的非效率投资，在参与度高即存在董事派遣的样本中效应更为显著。回归的结果如表5-16所示，在存在国有董事的分组中，国有股权抑制无效并购的倾向更为显著。

表 5-16　　　　　　　　　　国有股权参与度作用检验

| 变量 | （1）国有股权参与度高 | （2）国有股权参与度低 |
|---|---|---|
| State2 | -0.208**<br>(-1.96) | 0.163<br>(0.65) |
| Size | -0.007<br>(-0.11) | 0.728**<br>(2.29) |
| Age | 0.069<br>(0.38) | -1.189**<br>(-2.07) |
| ROA | 1.628<br>(1.57) | -3.801<br>(-0.60) |
| Lev | 0.191<br>(0.48) | -3.239*<br>(-1.80) |
| Cashflow | -2.947***<br>(-3.12) | 2.590<br>(0.61) |
| Growth | 0.673***<br>(5.10) | 0.115<br>(0.23) |
| Dual | -0.013<br>(-0.11) | 0.408<br>(0.88) |
| Boardind | 0.737<br>(0.61) | 5.408<br>(0.81) |
| Top1 | -1.243*<br>(-1.76) | -1.248<br>(-0.54) |
| Balance | -0.070<br>(-0.51) | 0.073<br>(0.16) |
| _cons | -1.316<br>(-0.83) | -15.528**<br>(-2.27) |
| Chi2 | 69.81 | 12.70 |
| Pseudo. R-Square | 0.0370 | 0.0766 |
| N | 208 | 2353 |
| Year_FE | YES | YES |
| Ind_FE | YES | YES |

注：*、**、***分别表示在10%、5%、1%的水平上显著相关。

## 5.4 结论

在混合所有制改革背景下，国有股权参股家族企业如何影响企业并购行为，能否发挥治理效应、降低家族企业并购倾向是有待验证的问题。治理效应的发挥在于国有股权参股能够在家族企业内部改善控股股东一股独大的股权结构，作为异质性股东形成有效制衡，约束家族控股股东的非效率投资决策，降低一直被广泛诟病的第二类代理冲突，减少无效并购。

本章以 2007～2019 年 A 股家族上市公司并购发起事件为研究样本，考察了国有股权参股对家族企业并购倾向的影响。已有研究发现民营企业引入国有股权发挥优势提高家族企业创新能力、促进家族企业国际化，本章实证检验发现国有股权发挥了异质性股权的制衡约束作用，抑制了家族企业"掏空"倾向的并购，具体表现为国有股权参股不仅降低了家族企业并购的可能性还降低了家族企业并购规模，这种抑制作用在内部资金占用严重以及存在控股股东质押的家族企业中和外部市场化环境差的地区，以及非四大审计的家族企业中更为显著。国有股权参股减少了非创始控制家族的并购倾向，实证检验的结果能够验证国有股权参股的治理效应，从源头上显著减少了家族企业的关联并购，区分国有股权参股的参与度，以是否派遣董事来衡量，存在国有股东董事的家族企业抑制效应更为显著。

新时期混合所有制改革背景下国有股权参与能够优化家族企业股权结构，提升决策效率、抑制家族企业非效率并购倾向，然而做得少能否做得好，国有股权是否能够提升家族企业并购绩效，这是一个仍待检验的问题。下一章将从理论和实证上检验国有股权参股是否提升了家族企业的并购绩效以及剖析具体的影响机制。

# 国有股权参股对家族企业并购绩效的影响研究

## 6.1 理论分析与研究假设

并购是企业规模最大的投资战略之一，并购业务的复杂性和持续时间长是考验管理层智慧以及是否勤勉尽职的最佳情境。并购目标的选择一方面反映了企业决策是否理性，企业是否具有信息资源优势，公司整体的运营效率；另一方面也能检验管理层是否具有私利动机、是否存在过度自信。并购交易的谈判、溢价高低、并购整合是否成功关乎企业各方的利益相关者，这一综合性的交易是对企业公司治理水平最佳的检验。已有研究发现国有股东对家族企业创新投入的提升作用最为显著，机构投资者次之，而民营股东以及外资股东则无法对企业创新起到促进作用（杜善重，2021）。在家族企业内部，国有股东具有一定的震慑作用，能在家族上市公司重大事项决策等方面发挥作用，因而通过并购进行资源配置的效果成为检验国有股东治理效应的绝佳场景。国有股权的治理效应抑制了家族企业的过度并购行为，尤其是约束家族企业利益侵占动机的并购，显著减少了关联并购，然而国有股权能否提升家族企业并购效率，减少价值损毁型并购，提高并购绩效就是本章的研究问题。

如何解决并购减损之谜是理论界和学术界共同关心的问题。已有对并购绩效的研究表明在并购场景中，基于机会主义动机的并购，以及由于管理者自信发动的并购会带来负的市场反应。国有股权参股如何影响家族企业并购绩效是一个有待检验的问题。

国内关于并购更多的是讨论国企并购，这和我们经济快速发展、做大做强的导向有关，已有研究表明非实际控制人可凭借董事会权力约束管理层和国有企业实际控制人的自利行为提高并购绩效。这在一定程度上从国企并购的视角为企业并购绩效减损之谜提供了答案及改进举措。市场化行为下的并购是公司管理层基于企业成长诉求的战略思考，然而诸多并购案例最终没有能够为股东创造价值，也没有真正改善公司的经营业绩，部分原因在于后期没有实现真正意义上经营业务的并购整合。主并企业在形式上控制了目标企业，却没有能够在人员整合上形成协同效应，各自为政，无心实现最本质的资源互补、业务优化，形成企业的核心竞争力，并购的效应仅仅体现在资本市场短期的股价飙升，而最终"暴雷"也是高溢价并购埋下的隐患。

理论上并购绩效的好坏取决于并购项目的审慎选择，国有股权参股对家族企业并购行为的影响不仅体现在提高其并购意愿，也表现在并购目标的选择上。我国并购异象的表征之一还在于高溢价的关联并购频发，深究其背后的动机不能够完全排除是企业，尤其是家族企业以及存在关联股东的企业通过资本运作，利用投资者的非理性决策，以并购交易业务的复杂掩饰背后的利益输送。是否发起并购是家族企业面临的第一个决策，企业的创立者具有绝对的决策权，过去成功的经营让企业主更加自信，企业从无到有、由小到大让企业主沉溺于过度扩张，过度自信而忽视了风险管控。企业已经不再是野蛮生长阶段，整体经济发展也不再是粗放式结构，盲目发起并购最终只能减损企业价值。企业的成长方式根据已有研究已基本达成一致，主要分为企业内生的有机成长，大多数家族创业者在企业最初的阶段精耕细作，企业成长到一定阶段就不能仅仅局限于内在的自身发展，需要谋求外部的扩张壮大。企业创立之初，家族创始人和共同创业的亲人、志同道合的创业伙伴以及最初的员工通过自身的内部资源、自有资金不断积累实现了企业的从小到大。而企业成长到一定时期，具有一定的实力和规模，在上下游具有足够的话语权，就开始谋求外在的并购扩张，尤其是更为自信的管理者。家族企业所有权和经营权高度统一、控股家族在董事会和股东大会各层级的控制、家族成员任职高管董事、在董事会和股东大会都具有话语权，这极大地缓解了第一类代理问题。然而在家族企业内部，控股家族有动机也有能力对中小股东进行利益侵占，这则引发了严重的第二类代理冲突。这类代理问题直接作用于家族企业并购决策，是否发起并购、发起并购的动机是什么。国有股权作为异质性股权能够有效制衡家族控股股东、减少家族控股股东的非效率行为、抑制掏空动机的关联并购等无效并购，最终提升家族企业的并购绩效。

国有股权参股，国有股东可以发挥一定的震慑作用，即使只是小比例参股这种形式上的参与和国有企业少数非国有股权的影响力还是有差异的。而且具体到我们样本中的家族上市公司的数据可以发现在家族企业中不乏国有股权持股比例超过5%、10%的上市公司。在某些家族企业国有股东存在董事派遣，直接参与董事会决策，因而国有股东完全有能力参与企业各项经营管理决策，对企业的并购行为、并购倾向发挥影响作用。另外，国有股东具有不同类型，参股家族企业的国有股东中有经营实体类国有股东，一些国有企业本身就存在经济利益的诉求，国有资本也是家族企业重要的利益相关者，需要保证自己的投资收益，更需要承担国有资本保值增值的责任，因而有动力对家族企业并购决策是否理性、效率，是否会侵占到包括自身在内的中小股东的权益进行判断。如果发现家族企业决策不够审慎，国有股东就会发挥异质性股东监督职能、予以否决。

国有股东参与，存在提升并购绩效的条件。首先，国有资本具有信息优势，可以更全面地掌握标的企业的信息，尤其是软信息，可以为主并企业与目标企业搭建积极沟通的渠道，从而降低并购双方的信息不对称。其次，国有股权能够发挥信号作用，具有信息优势。家族企业引入国有股权一方面可以提升自身的社会影响力，向市场发出自身经营状况优异的信号；另一方面也能够凭借国有股权的影响力搜寻与自身经营业务匹配的并购目标，降低目标企业的搜寻成本，减少对目标企业信息不对称可能引发的并购失败风险。最后，国有股权自身具有维护声誉、维持值得信赖的形象的动力，这就抑制了国有股东与家族控股股东合谋、通过并购交易短期获利的冲动，减少了套利型并购交易。发起并购从源头上说是为实现协同效应，帮助企业实现转型升级的目的，而不仅仅是资本运作，回归并购的本质，加强各个环节的管理，则可以实现为企业寻找新的增长点的目标。

国有股权能够从源头上减少无效并购，而并购能否成功很重要的一环还在于并购方和目标企业是否在业务上、经营理念上、企业文化上具有契合度，在并购谈判的最初双方是否能够达成基本一致，促成并购交易完成。而在并购实施之后，交易双方的整合是否能够顺利完成，在于减少目标企业的抵触心理，降低目标企业核心技术人才、管理人才的流失。国有股权在寻找合适的目标企业时，可以为主并企业提供声誉担保，也可以利用信息优势筛选不符合条件的目标企业，更可以震慑掩饰自身虚假业绩的目标企业。目前中国的并购交易中被并购企业大多是未上市公司，财务报告并没有强制披露要求，虚假信息、包装自身经营成果的企业识别困难，搜寻成本很大。即使合并成功，目标企业之前也是独立个体，具有自身的企业文化、管理风格，能否成功整合对家族企业来说是极具挑战性的难题。尤其是自身人力资本缺乏的家族企业，后期整合需要大量的组织管理人才，这里国有股权能够具有示范效应，国有的人力资源丰富，管理经验、组织架构都是家族企业可以学习提升的，要实现真正意义上的成功并购，必须对可能存在的问题提前预判、及时处理。

国有股权参股可以为家族企业并购后的管理整合提供一定的资源支持。帮助家族企业克服人力资源上的不足，引入国有股权的家族企业在吸引优秀人才上更具吸引力，家族企业业务的扩展、规模的扩大不仅需要企业内部资源的高效利用，更需要吸取优秀的外部资源，建立丰富的人才储备。引入外部股东可以帮助家族企业获取更多资源，国有股东有能力在并购整合计划以及后期执行中提供意见咨询、协调沟通，最终提高并购整合能力。综上所述，国有股权参股不仅可以促使家族企业减少利益侵占、价值毁损类并购，选择有利于转型升级的并购项目，还可以提高并购后的管理整合能力。我们可以预期，国有股权参股可以提高家族企业的并购绩效。基于此，本章提出以下假设：

假设1：国有股权参股提高了家族企业并购绩效。

# 6.2 研究设计

## 6.2.1 数据来源与样本选取

### 6.2.1.1 家族企业数据

由于并购长期绩效涉及并购后两年企业的财务数据，因而本章选取我国 A 股上市家族企业为研究对象，选取 2007～2018 年度的数据，按照国泰安（CSMAR）数据库中家族企业基本信息数据，并进一步根据已有文献要求界定家族企业，筛选样本数据（苏启林、朱文，2003；刘白璐、吕长江，2018）。

### 6.2.1.2 企业并购数据

本书使用的并购数据是从国泰安（CSMAR）数据库的"中国上市公司并购重组研究数据库"中获取，参考蔡庆丰等（2017，2019）的研究最终得到 1283 个并购样本数据，含有国有股权家族企业发起的并购案有 361 个，其他财务和治理数据来自 CSMAR 数据库。

### 6.2.1.3 国有股权参股数据

首先在巨潮网下载家族企业上市公司年报，获取前十大股东名称、性质，手工收集前十大股东是否属于国有股权、参股的国有股权持股比例以及参股国有股权的股东数量、是否派遣国有股东等相关数据，然后通过百度、新浪、天眼查等网站查找信息缺失或存在不确定性的信息予以补充。

为了降低异常值对研究结果的影响，本章对连续变量在 1% 和 99% 百分位上进行 Winsorize 处理，本章的数据整理及统计分析软件为 STATA 16。

## 6.2.2 模型构建与变量定义

### 6.2.2.1 被解释变量

并购绩效。本章被解释变量并购绩效（*Performance*）的度量包括两个维度：短期并购绩效和长期并购绩效。参考李沁洋等（2015），刘白璐、吕长江（2018）的研究，对短期绩效（*CAR*），我们以并购事件首次公告日的前（−150，−30）为估计窗口期，根据布朗和沃纳（Brown & Warner, 1985）的市场模型法，计算求得 CAR 值，得到短期并购绩效公告日前后一个交易日累计超额收益率的 *CAR*（−1，1）的度量，作为主检验短期绩效的衡量。在稳健性检验是我们以公告日前后两个交易日累计超额收益率的 *CAR*（−2，2）作为短期绩效的检验变量。长期并购绩效参考陈仕华等（2015），李曜、宋贺（2017）的研究，用总资产收益变化值（Δ*ROA*）表示。以并购宣告日后前后一年的总资产收益变化值 $ROA_{(t+1, t-1)}$ 来表示总资产收益变化，作为企业并购绩效的度量进行主检验假设回归，并以并购宣告日前后两年的总资产收益率的变化值 $ROA_{(t+2, t-2)}$ 和长期持有 24 个月超常收益（*BHAR*）作为长期并购绩效的稳健性检验变量。

### 6.2.2.2 解释变量

国有股权参股。本书中家族企业国有股权参股的数据是作者根据上市公司前十大股东信息、股东性质手工搜集获得，为衡量国有股权参股对家族企业并购绩效的影响，参考罗宏、秦际栋（2019）与逯东等（2019）的研究分别使用家族企业中是否存在国有企业参股（*State*1）作为解释变量。具体来说，当家族企业前十大股东中存在国有股权时，则定义为国有股权参股，此时变量 *State*1 取值为 1，否则为 0。

### 6.2.2.3 控制变量

参照张雯等（2013）、陈仕华等（2015）与刘白璐、吕长江（2018）的研究，控制了公司规模（*Size*）、企业年龄（*Age*）、盈利能力（*ROA*）、资产负债率（*Lev*）、现金流（*Cashflow*）、成长性（*Growth*）、两职合一（*Dual*）、独立董事比例（*Boardind*）、实际控制人的控制权（*Conprop*）、实际控制人的所有权（*Ownership*）等变量，同时还设置了年度（*Year*）、行业（*Ind*）虚拟变量以控制未观察到的潜在影响。变量详细含义见表 6 - 1。

表 6 - 1 变量定义与说明

| 变量类型 | 变量名称 | 变量符号 | 变量定义 |
|---|---|---|---|
| 被解释变量 | 并购绩效 | *Performance* | 短期绩效 *CAR* 并购公告前后 1 天累计超额回报 |
| | | | 长期绩效 Δ*ROA* 并购宣告日前后 1 年总资产收益率的变化值 |
| 解释变量 | 国有股权参股 | *State*1 | 家族企业前十大股东中是否存在国有股东，是为 1，否则为 0 |
| 控制变量 | 公司规模 | *Size* | 企业资产总额的对数值 |
| | 企业年龄 | *Age* | 企业成立年数 + 1 后取对数 |
| | 盈利能力 | *ROA* | 企业净利润与资产总额的比值 |
| | 资产负债率 | *Lev* | 企业的负债与资产总额的比值 |
| | 现金流量 | *Cashflow* | 经营性现金流量净额与资产总额的比值 |
| | 成长性 | *Growth* | 企业主营业务收入增长率 |
| | 独立董事比例 | *Boardind* | 独立董事人数占董事会成员总数的比例 |
| | 投票权 | *Conprop* | 实际控制人的控制权 |
| | 现金流权 | *Ownership* | 实际控制人的所有权 |

为了检验本章假设，本章构建了以下模型：

$$Performance = \sigma_0 + \sigma_1 State + \sum Control - Variables + \varepsilon \quad (6-1)$$

我们预计国有股权参股能够提升家族企业的并购绩效，在并购目标选择、并购决策以及并购整合中发挥治理作用，优化家族企业并购行为，因此 $\sigma_1$ 预期为正。

# 6.3 实证分析

## 6.3.1 描述性统计分析结果

主要变量描述性统计见表6－2。

表6－2 主要变量描述性统计

| 变量名称 | 观测值 | 均值 | 标准差 | 最小值 | 中位数 | 最大值 |
|---|---|---|---|---|---|---|
| $CAR$ （－1，1） | 821 | 0.007 | 0.062 | －0.137 | －0.002 | 0.271 |
| $State1$ | 821 | 0.351 | 0.477 | 0.000 | 0.000 | 1.000 |
| $Size$ | 821 | 22.055 | 0.929 | 19.982 | 21.984 | 24.565 |
| $Age$ | 821 | 2.778 | 0.330 | 1.609 | 2.833 | 3.401 |
| $ROA$ | 821 | 0.052 | 0.056 | －0.225 | 0.049 | 0.209 |
| $Lev$ | 821 | 0.396 | 0.180 | 0.055 | 0.395 | 0.825 |
| $Cashflow$ | 821 | 0.043 | 0.065 | －0.136 | 0.042 | 0.232 |
| $Growth$ | 821 | 0.274 | 0.400 | －0.475 | 0.192 | 2.092 |
| $Dual$ | 821 | 0.387 | 0.487 | 0.000 | 0.000 | 1.000 |
| $Boardind$ | 821 | 0.382 | 0.053 | 0.333 | 0.375 | 0.571 |
| $Conprop$ | 821 | 42.212 | 15.108 | 14.420 | 41.030 | 75.730 |
| $Ownerprop$ | 821 | 40.785 | 14.634 | 13.784 | 39.760 | 74.860 |

## 6.3.2 相关性分析

表6－3是各主要变量的 Person 相关系数。国有股权（$State1$）与 $CAR$（－1，1）相关系数为0.016，且在1%的统计水平上显著为正，说明国有股权参股能够提升家族企业短期并购绩效，这为本章假设提供了初步证据。此外，其他控制变量两两之间的相关系数绝大部分都远小于0.5，说明把这些变量同时引入回归模型不会引起严重的多重共线性问题。

表6-3　相关性分析

| 变量 | CAR (-1, 1) | State1 | Size | Age | ROA | Lev | Cashflow | Growth | Dual | Boardind | Conprop | Ownerprop |
|---|---|---|---|---|---|---|---|---|---|---|---|---|
| CAR (-1, 1) | 1 | | | | | | | | | | | |
| State1 | 0.016*** | 1 | | | | | | | | | | |
| Size | -0.036*** | 0.197*** | 1 | | | | | | | | | |
| Age | -0.053*** | -0.003 | 0.099*** | 1 | | | | | | | | |
| ROA | 0.033*** | -0.008 | 0.013 | -0.054*** | 1 | | | | | | | |
| Lev | -0.023* | 0.065*** | 0.534*** | 0.051*** | -0.249*** | 1 | | | | | | |
| Cashflow | 0.019 | 0.013 | -0.050*** | 0.040*** | 0.413*** | -0.197*** | 1 | | | | | |
| Growth | 0.017 | -0.065*** | 0.092*** | -0.026** | 0.254*** | 0.072*** | -0.007 | 1 | | | | |
| Dual | -0.001 | -0.070*** | -0.119*** | -0.057*** | -0.002 | -0.073*** | -0.015 | 0.007 | 1 | | | |
| Boardind | 0.001 | -0.077*** | -0.060*** | 0.018 | -0.005 | -0.011 | 0.018 | 0.007 | 0.082*** | 1 | | |
| Conprop | 0.008 | -0.117*** | -0.071*** | -0.015 | 0.189*** | -0.061*** | 0.145*** | -0.023* | 0.023* | 0.123*** | 1 | |
| Ownerprop | 0.004 | -0.113*** | -0.092*** | -0.024** | 0.181*** | -0.062** | 0.140*** | -0.028** | 0.032** | 0.139*** | 0.973*** | 1 |

注：*，**，***分别表示在10%、5%、1%的水平上显著相关。

### 6.3.3 模型回归分析结果

表 6-4 第（1）列列示了国有股权参股与家族企业短期并购绩效，以并购公告日前后 1 天累计超额收益率衡量的回归结果。由第（1）列可见，回归系数为 0.004 且在 1% 水平上显著为正。第（2）列列示了国有股权参股与家族企业长期并购绩效，以并购公告日前后 1 年总资产收益率变化来衡量，结果显示，回归系数为 0.006 且在 5% 水平上显著为正，实证结果验证了本章假设即国有股权参股可以提升家族企业并购绩效。

表 6-4 国有股权参股与家族企业并购绩效

| 变量 | (1) | (2) |
| --- | --- | --- |
| | $CAR\,(-1,\,1)$ | $\Delta ROA_{(t-1,t+1)}$ |
| $State1$ | 0.004 *** <br> (3.13) | 0.006 ** <br> (2.14) |
| $Size$ | -0.001 <br> (-1.34) | -0.007 <br> (-1.36) |
| $Age$ | -0.005 *** <br> (-2.59) | 0.004 <br> (0.36) |
| $ROA$ | 0.019 * <br> (1.84) | 0.456 *** <br> (5.41) |
| $Lev$ | -0.001 <br> (-0.16) | -0.010 <br> (-0.43) |
| $Cashflow$ | 0.007 <br> (0.74) | 0.170 *** <br> (2.93) |
| $Growth$ | 0.005 *** <br> (4.08) | 0.004 <br> (0.64) |
| $Dual$ | -0.000 <br> (-0.08) | 0.005 <br> (0.70) |
| $Boardind$ | 0.003 <br> (0.26) | 0.040 <br> (0.65) |
| $Conprop$ | 0.000 <br> (1.29) | 0.000 <br> (0.13) |

续表

| 变量 | (1) | (2) |
|---|---|---|
| | $CAR$（-1, 1） | $\Delta ROA_{(t-1,t+1)}$ |
| *Ownerprop* | -0.000<br>（-1.42） | 0.000<br>（0.02） |
| _cons | 0.040 **<br>（2.18） | 0.150<br>（1.24） |
| F | 5.89 | 4.92 |
| Adj. R-Square | 0.021 | 0.329 |
| N | 821 | 821 |

注：*、**、*** 分别表示在10%、5%、1%的水平上显著相关。

## 6.3.4 稳健性检验

### 6.3.4.1 变更事件窗口期的稳健性检验

本章选择了（-1, +1）为窗口计算并购公司的累计超额收益率，参照田高良等（2013）的研究，选取（-2, +2）作为窗口期来计算累计超额收益率，以此衡量并购公司的短期收益率，进行稳健性检验。由表6-5第（1）列可见，国有股权参股与家族企业短期并购绩效，以并购公告日前后2天累计超额收益率衡量的回归系数为0.005且在1%水平上显著为正，研究假设成立。

表6-5 国有股权参股与家族企业并购绩效稳健性检验（变换并购绩效度量）

| 变量 | (1) | (2) | (3) |
|---|---|---|---|
| | $CAR$（-2, 2） | $\Delta ROA_{(t-2,t+2)}$ | *BHAR* |
| *State*1 | 0.005 ***<br>（3.75） | 0.004 ***<br>（2.61） | 0.008 ***<br>（2.69） |
| *Size* | -0.002 **<br>（-2.01） | -0.006<br>（-0.87） | -0.004 **<br>（-2.46） |
| *Age* | -0.004 *<br>（-1.91） | -0.009<br>（-0.66） | 0.001<br>（0.17） |

续表

| 变量 | (1) | (2) | (3) |
|---|---|---|---|
| | $CAR$ (-2, 2) | $\Delta ROA_{(t-2, t+2)}$ | $BHAR$ |
| $ROA$ | 0.020 <br> (1.60) | 0.548 *** <br> (4.07) | 0.096 *** <br> (3.65) |
| $Lev$ | -0.001 <br> (-0.04) | 0.018 <br> (0.51) | 0.014 <br> (1.39) |
| $Cashflow$ | 0.011 <br> (1.01) | 0.168 * <br> (1.96) | 0.017 <br> (0.73) |
| $Growth$ | 0.007 *** <br> (4.62) | 0.010 <br> (1.10) | 0.021 *** <br> (6.76) |
| $Dual$ | 0.001 <br> (0.59) | -0.002 <br> (-0.19) | 0.000 <br> (0.12) |
| $Boardind$ | 0.003 <br> (0.25) | -0.079 <br> (-0.89) | 0.004 <br> (0.15) |
| $Conprop$ | 0.000 <br> (0.72) | -0.001 <br> (-1.02) | 0.000 <br> (0.89) |
| $Ownerprop$ | -0.001 <br> (-1.02) | 0.001 <br> (0.97) | -0.001 <br> (-1.40) |
| _cons | 0.060 *** <br> (2.70) | 0.268 <br> (1.58) | 0.065 <br> (1.37) |
| F | 5.69 | 3.00 | 6.41 |
| Adj. R-Square | 0.020 | 0.246 | 0.023 |
| N | 821 | 647 | 821 |

注：*、**、***分别表示在10%、5%、1%的水平上显著相关。

#### 6.3.4.2 变更并购公司长期绩效代理变量

前文实证长期绩效用总资产收益变化值（$\Delta ROA$），即并购首次公告日前后一年的总资产收益率的变化量衡量，参考已有研究选用并购首次公告日前后两年的总资产收益率的变化量衡量并购公司的长期收益率，进行稳健性检验。由表6-5第（2）列可见，国有股权参股与家族企业长期并购绩效，以并购公告日前后2年总资产收益率变化来衡量，结果显示，回归系数为0.004且在1%水平上显著为正，研究假设成立。

以买入并购持有24个月股票超额收益率（*BHAR*）作为产期并购绩效的度量指标进行稳健性检验，结果如表6-5第（3）列可见，国有股权参股与家族企业长期并购绩效回归系数为0.008且在1%水平上显著为正，国有股权参股显著提升了家族企业并购绩效，研究假设成立。

更改解释变量衡量方法。在前文的回归中，解释变量用国有股权的有无来衡量，此处我们以国有股东持股比例（*State2*）来衡量国有股权参股进行稳健性检验。实证结果如表6-6所示，国有股权持股比例（*State2*）与短期绩效 *CAR*（-1，1）回归系数为0.002，在1%水平上显著为正，与长期绩效 $\Delta ROA_{(t+1,t-1)}$ 回归系数为0.010 在1%水平上显著为正，回归结果显示，国有股权参股显著提升了家族企业并购绩效，研究假设依然成立。

| 表6-6 | 稳健性检验：国有股东持股比例 | |
|---|---|---|
| 变量 | （1） | （2） |
| | *CAR*（-1，1） | $\Delta ROA_{(t-1,t+1)}$ |
| *State2* | 0.002 ** <br> (2.18) | 0.010 *** <br> (2.91) |
| *Size* | -0.003 ** <br> (-2.36) | 0.004 <br> (0.31) |
| *Age* | -0.005 * <br> (-1.72) | -0.018 <br> (-0.81) |
| *ROA* | 0.028 * <br> (1.67) | 0.747 *** <br> (2.89) |
| *Lev* | 0.001 <br> (0.13) | 0.016 <br> (0.27) |
| *Cashflow* | 0.007 <br> (0.54) | 0.031 <br> (0.23) |
| *Growth* | 0.004 ** <br> (2.11) | 0.011 <br> (0.51) |
| *Dual* | 0.030 <br> (0.03) | -0.002 <br> (-0.11) |
| *Boardind* | 0.004 <br> (0.24) | 0.020 <br> (0.14) |
| *Conprop* | 0.000 <br> (1.08) | -0.006 *** <br> (-3.02) |
| *Ownerprop* | -0.030 <br> (-1.34) | 0.006 *** <br> (2.85) |

续表

| 变量 | (1) | (2) |
|------|-----|-----|
| | $CAR$ ( -1, 1) | $\Delta ROA_{(t-1,t+1)}$ |
| _cons | 0.094 *** | -0.061 |
| | (2.98) | ( -0.24) |
| F | 3.74 | 1.43 |
| Adj. R-Square | 0.015 | 0.113 |
| N | 821 | 821 |

注: * 、 ** 、 *** 分别表示在 10% 、5% 、1% 的水平上显著相关。

## 6.3.5 进一步分析

### 6.3.5.1 国有股权提升并购业绩的异质性检验

国有股权发挥制衡作用,抑制了家族企业价值毁损性并购,提升了家族企业并购长短期绩效。如果国有股权参股能够有效发挥对家族控股股东的监督制衡作用,那么在监督成本更小的企业内,其效果将更加显著。回归结果如表 6-7 所示,对于短期并购绩效的检验,国有股权参股在市场化环境较好组的回归系数为 0.004,且在 1% 水平上显著为正,市场化环境较差组系数为 0.003,正向不显著。基于长期并购绩效的检验,回归结果显示在市场化环境较好组中回归系数为 0.020,在 10% 水平上显著为正,而市场化环境较差组的回归方向为正,系数为 0.003,实证检验的结果显示,国有股权在市场化环境较好地区的家族企业发挥了更强的业绩提升作用。这说明国有股权要提升家族企业长短期绩效还需要市场化环境的改善,这和时下大力提倡推行"亲""清"营商环境的氛围也是一致的。

表 6-7 基于市场化环境差异的并购绩效提升检验

| 变量 | $CAR$ ( -1, 1) | | $\Delta ROA_{(t-1,t+1)}$ | |
|------|------|------|------|------|
| | (1) | (2) | (3) | (4) |
| | 市场化环境较好 | 市场化环境较差 | 市场化环境较好 | 市场化环境较差 |
| $State1$ | 0.004 *** | 0.003 | 0.020 * | 0.003 |
| | (2.58) | (1.47) | (1.67) | (0.36) |

续表

| 变量 | CAR（-1，1） | | $\Delta ROA_{(t-1,t+1)}$ | |
|---|---|---|---|---|
| | （1） | （2） | （3） | （4） |
| | 市场化环境较好 | 市场化环境较差 | 市场化环境较好 | 市场化环境较差 |
| Size | -0.001<br>（-1.47） | -0.001<br>（-0.64） | -0.009<br>（-1.07） | 0.000<br>（0.03） |
| Age | -0.004<br>（-1.48） | -0.006 **<br>（-2.24） | 0.006<br>（0.31） | 0.008<br>（0.68） |
| ROA | 0.023 *<br>（1.74） | 0.015<br>（0.80） | 0.386 ***<br>（2.72） | 0.605 ***<br>（5.24） |
| Lev | -0.000<br>（-0.09） | -0.002<br>（-0.34） | -0.023<br>（-0.55） | 0.000<br>（0.00） |
| Cashflow | 0.001<br>（0.06） | 0.023<br>（1.55） | 0.221 **<br>（2.37） | 0.075<br>（0.90） |
| Growth | 0.006 ***<br>（3.30） | 0.004 **<br>（2.04） | -0.011<br>（-0.73） | 0.006<br>（0.85） |
| Dual | 0.001<br>（0.70） | -0.001<br>（-0.68） | 0.012<br>（1.01） | -0.002<br>（-0.31） |
| Boardind | 0.016<br>（1.19） | -0.022<br>（-1.34） | 0.016<br>（0.14） | 0.075<br>（0.98） |
| Conprop | 0.000 *<br>（1.86） | 0.000<br>（0.41） | -0.000<br>（-0.21） | -0.000<br>（-0.28） |
| Ownerprop | -0.000 **<br>（-2.02） | -0.000<br>（-0.30） | 0.001<br>（0.28） | 0.000<br>（0.38） |
| _cons | 0.031<br>（1.02） | 0.048 *<br>（1.76） | 0.222<br>（0.99） | -0.022<br>（-0.16） |
| F | 4.40 | 3.07 | 2.53 | 4.09 |
| Adj. R-Square | 0.023 | 0.021 | 0.242 | 0.421 |
| N | 566 | 255 | 566 | 255 |
| Diff | 0.071 * | | 0.082 * | |

注：*、**、*** 分别表示在10%、5%、1%的水平上显著相关。

资金占用是家族企业比较严重的代理问题，国有股权参股发挥制衡作用预计会在资金占用程度更高的企业中更为显著，回归结果如表6-8所示。对于短期并购绩效的检验，国有股权参股在资金占用高组的回归系数为 0.004，且在 5% 水平上显著为正，资金占用低组系数为 0.003，在 10% 水平上显著为正。基于长期并购绩效的检验，回归结果显示国有股权参股在资金占用高组的回归系数为 0.015，在 10% 水平上显著为正，而在资金占用高组的回归系数为 0.010，在 10% 水平上显著为正，实证检验的结果显示国有股权参股在资金占用高的企业并购绩效提升更为明显。

表 6 - 8 　　　　　　　　基于资金占用程度差异的并购绩效提升检验

| 变量 | $CAR$ ( -1, 1) | | $\Delta ROA_{(t-1, t+1)}$ | |
| --- | --- | --- | --- | --- |
| | (1) | (2) | (3) | (4) |
| | 资金占用高 | 资金占用低 | 资金占用高 | 资金占用低 |
| State1 | 0.004 ** <br> (2.45) | 0.003 * <br> (1.96) | 0.015 * <br> (1.75) | 0.010 * <br> (1.82) |
| Size | -0.002 <br> (-1.36) | -0.001 <br> (-0.53) | -0.002 <br> (-0.26) | -0.010 <br> (-1.19) |
| Age | -0.007 ** <br> (-2.51) | -0.003 <br> (-1.24) | -0.001 <br> (-0.06) | -0.010 <br> (-0.56) |
| ROA | 0.011 <br> (0.73) | 0.029 * <br> (1.80) | 0.346 *** <br> (3.89) | 0.645 *** <br> (3.20) |
| Lev | -0.004 <br> (-0.79) | 0.004 <br> (0.70) | -0.009 <br> (-0.32) | -0.010 <br> (-0.22) |
| Cashflow | 0.014 <br> (0.96) | 0.003 <br> (0.24) | 0.194 *** <br> (2.68) | 0.159 <br> (1.59) |
| Growth | 0.006 *** <br> (3.10) | 0.004 *** <br> (2.66) | 0.000 <br> (0.00) | 0.005 <br> (0.46) |
| Dual | 0.001 <br> (0.67) | -0.001 <br> (-0.87) | -0.006 <br> (-0.87) | 0.034 *** <br> (3.02) |
| Boardind | -0.014 <br> (-0.94) | 0.024 * <br> (1.69) | 0.024 <br> (0.34) | 0.075 <br> (0.67) |
| Conprop | -0.000 <br> (-0.15) | 0.000 * <br> (1.85) | 0.001 <br> (0.56) | -0.002 <br> (-1.10) |
| Ownerprop | -0.000 <br> (-0.18) | -0.000 * <br> (-1.68) | -0.001 <br> (-0.66) | 0.003 <br> (1.35) |

续表

| 变量 | CAR（-1，1） | | $\Delta ROA_{(t-1,t+1)}$ | |
| --- | --- | --- | --- | --- |
| | （1） | （2） | （3） | （4） |
| | 资金占用高 | 资金占用低 | 资金占用高 | 资金占用低 |
| _cons | 0.051<br>(1.59) | 0.021<br>(0.87) | 0.078<br>(0.54) | 0.273<br>(1.41) |
| F | 4.21 | 2.72 | 4.34 | 4.80 |
| Adj. R-Square | 0.027 | 0.014 | 0.355 | 0.519 |
| N | 591 | 230 | 591 | 230 |
| Diff | 0.512 | | 0.081* | |

注：*、**、***分别表示在10%、5%、1%的水平上显著相关。

### 6.3.5.2 国有股权提升并购业绩的机制分析

上文的实证结果支持了我们的研究假设，即国有股权参股显著提升了家族企业的并购绩效，无论是短期还是长期绩效，都有显著的提升作用。那么国有股权参股具体通过什么样的路径影响家族企业的并购绩效呢？按照已有文献的可能影响机理和本书前述国有股权参股在家族企业可能产生的作用，提出影响作用的两个机制解释。

机制一：国有股权参股的家族企业并购溢价较低。

万得（Wind）数据显示超过70%的并购交易支付了并购溢价，即主并企业对目标企业的支付价格高于其市场价值。大部分企业在溢价并购后出现"赢者诅咒"现象，并购后股价不升反降，收益也出现下降（王晓颖等，2021）。对于并购溢价之谜，目标企业有动机粉饰自己的经营业绩，在并购中获取高额收益，并购企业缺乏对目标企业的全面深入了解可能会高估目标企业价值。企业高管出于自利动机支付更高的并购溢价从而提高个人声誉、获得高额薪酬，而过度自信的管理者容易高估自己的信息搜索、分析处理能力，对目标企业可能产生的协同效应过高估计，出于缺乏对可能产生的并购未来收益的高估给予过高的并购溢价。已有研究得出结论，并购没有为主并方股东创造价值，部分原因在于支付了过高的并购溢价，在管理者过度自信的企业更为明显（Roll，1986）。当企业面临转型困境时，管理者通过外延并购实现企业突破转型成长发展的需求更为迫切，更有意愿承受高风险、更愿意通过并购策略实现企业成长转型，此种境况下更愿意支付相对较高的并购溢价完成并购交易。在并购目标选择上，迫于企业成长压力以及管理者过度自信的双重影响，管理者可能会采取较为冒险的战略决策，在前期并购目标选择阶段可能会高估并购交易的协同效应，对并购过程中潜在的风险以及可能的不确定性估计不足，盲目自信支付高额并购溢价、加大并购成本，而并购后整合失败，最终只能让股东承受损失，毁损公司价值，产生极差的并购绩效。如果家族企业存在国有股权参股，在交易进行前，国有股东发挥监督效应，在决策期间审核并购项目是否可行，在并购谈判时审核并购溢价是否合理，是否存在管理层机会主义动机，运用自己的监督职能降低并购的支付成本。因此，有国有股东背景的企业提高并购绩效的渠道之一是：国有股权参股的家族企业在并购交易中支付了更低的并购溢价。

机制二：国有股权参股的家族企业的并购后整合能力较强。

已有并购实践发现企业并购容易导致高级人才流失。员工福利是企业并购整合过程中重点考量的环节，也事关并购最终成败。在中国企业社会实践中，引入国有股东的家族企业会特别重视员工福利，显示出对员工的关怀共情，有利于减少企业并购给员工带来的职业焦虑，进一步增强企业的非经济目标效用。若国有股东能够发挥监督功能，那么国有股东支持的家族企业在并购后的资源整合能力较强，可表现为员工的人才流失程度低、工作热情高。然而企业并购后是否发生员工离职事件，员工离职比例以及是否是因为并购整合失败导致离职，并购是否降低了员工的工作热情，是否对实施并购的主并企业文化不适应、不满意产生离职意愿，这些数据可以直接衡量并购整合效果，基于此类数据无法直接获取，为了解决该问题，借鉴李曜、宋贺（2017）的做法，采用并购后企业内部控制有效性作为并购后资源整合有效性的代理变量。因此，国有股权参股的家族企业提高并购绩效的另一个渠道是：国有股东支持的企业在并购后的资源整合更为有效。检验该机制是否存在可以检验并购后企业是否提高了内部控制质量。

参考陈仕华、卢昌崇（2013）的做法，并购溢价（premium）用整个交易总价值减去目标方的净资产与转让比例的乘积和目标方的净资产与转让比例乘积的比值进行度量，即主并方支出价格与目标方的实际价值之差。内部控制得分值（internal control），本书将企业在并购一年之后发生的内部控制缺陷分为：一般缺陷、重要缺陷和重大缺陷，并分别赋值为 1、2 和 3，将不同种类的内部控制缺陷数目与缺陷的计分值相乘并求和，得出并购方该年的内部控制有效性程度，内部控制得分值越高，有效性越低。回归结果见表 6 - 9，国有股权参股降低了家族企业并购溢价、提升了家族企业内部控制有效性，最终提升了企业并购绩效。

表 6 - 9  国有股权参股提升并购绩效的机制检验

| 变量 | (1) | (2) |
|------|-----|-----|
| | premium | internal control |
| State1 | - 0. 005 **<br>( - 2. 38) | - 0. 003 ***<br>(3. 33) |
| Size | - 0. 002 ***<br>( - 2. 80) | 0. 003 **<br>(2. 22) |
| Age | - 0. 001<br>( - 0. 26) | 0. 002<br>(0. 11) |
| ROA | 0. 045<br>(1. 27) | 0. 028<br>(1. 35) |
| Lev | 0. 003 ***<br>(3. 24) | 0. 009<br>(1. 21) |
| Cashflow | - 0. 023<br>( - 0. 81) | 0. 003<br>(0. 19) |
| Growth | 0. 005<br>(1. 05) | 0. 005 **<br>(1. 99) |
| Dual | 0. 010<br>(0. 05) | 0. 002<br>(1. 00) |
| Boardind | - 0. 002<br>( - 0. 06) | - 0. 015<br>( - 0. 79) |
| Conprop | 0. 002<br>(0. 37) | 0. 010<br>(0. 10) |
| Ownerprop | - 0. 010<br>( - 0. 68) | 0. 110<br>(0. 05) |

续表

| 变量 | (1) | (2) |
|---|---|---|
| | premium | internal control |
| _cons | 0.144 **<br>(2.17) | 0.051<br>(1.36) |
| F | 0.86 | 1.30 |
| Adj. R-Square | − 0.001 | 0.004 |
| N | 821 | 821 |

注: *、**、*** 分别表示在10%、5%、1%的水平上显著相关。

### 6.3.5.3 国有股权参与度不同的作用差异检验

国有股权参与对家族企业的影响不仅取决于国有股权形式上的参与,即家族企业中存在国有股权及其持股比例,更取决于国有股权真正参与企业的经营活动,拥有实质上的"话语权"。拥有董事会席位可以直接参与公司的重大战略决策,拥有投票权能够真正地对企业各项决策进行监督、发声,直接影响企业诸如并购行为的重大决策。基于此,当家族企业存在参股国有股东派遣的董事时,我们认为国有股权在家族企业中的参与度高,反之为低。我们把存在国有股权参股的家族企业按照股权参与度高低进行分组检验,我们预计国有股权在家族企业中参与度高的时候,对家族企业并购绩效的提升作用更为显著。回归结果如表6-10所示,国有股权对家族企业并购长短期绩效的提升作用在国有股权参与度高,即存在董事参与时更为显著。

表 6 - 10　　　　　国有股权参与度不同的作用差异

| 变量 | $CAR$ (−1, 1) | | $\Delta ROA_{(t-1,t+1)}$ | |
|---|---|---|---|---|
| | (1) | (2) | (3) | (4) |
| | 参与度高 | 参与度低 | 参与度高 | 参与度低 |
| State2 | 0.008 ***<br>(2.64) | 0.003<br>(1.47) | 0.030 *<br>(1.76) | 0.009<br>(0.63) |
| Size | − 0.004 **<br>(− 2.47) | − 0.001<br>(− 0.64) | − 0.034 **<br>(− 2.54) | 0.008<br>(0.88) |

续表

| 变量 | CAR（-1，1） | | ΔROA$_{(t-1,t+1)}$ | |
| --- | --- | --- | --- | --- |
| | （1） | （2） | （3） | （4） |
| | 参与度高 | 参与度低 | 参与度高 | 参与度低 |
| Age | 0.001<br>（0.18） | -0.006 **<br>（-2.24） | 0.012<br>（0.48） | -0.001<br>（-0.07） |
| ROA | 0.096 ***<br>（3.64） | 0.015<br>（0.80） | 0.815 ***<br>（2.93） | 0.359 **<br>（2.26） |
| Lev | 0.013<br>（1.35） | -0.002<br>（-0.34） | 0.156 **<br>（2.43） | -0.073<br>（-1.60） |
| Cashflow | 0.017<br>（0.72） | 0.023<br>（1.55） | -0.007<br>（-0.04） | 0.195 *<br>（1.77） |
| Growth | 0.021 ***<br>（6.79） | 0.004 **<br>（2.04） | 0.021<br>（1.24） | 0.007<br>（0.64） |
| Dual | 0.000<br>（0.13） | -0.001<br>（-0.68） | 0.015<br>（0.98） | -0.008<br>（-0.73） |
| Boardind | 0.003<br>（0.13） | -0.022<br>（-1.34） | 0.022<br>（0.15） | -0.032<br>（-0.27） |
| Conprop | 0.000<br>（0.90） | 0.000<br>（0.41） | -0.002<br>（-0.93） | 0.000<br>（0.06） |
| Ownerprop | -0.001<br>（-1.41） | -0.000<br>（-0.30） | 0.002<br>（1.06） | -0.000<br>（-0.10） |
| Pay | 0.003<br>（0.98） | -0.004 **<br>（-2.25） | -0.005<br>（-1.98） | -0.008<br>（-1.23） |
| _cons | 0.065<br>（1.38） | 0.048 *<br>（1.76） | 0.912 ***<br>（2.83） | -0.098<br>（-0.49） |
| F | 6.42 | 3.07 | 3.46 | 1.66 |
| Adj. R-Square | 0.023 | 0.021 | 0.437 | 0.151 |
| N | 5922 | 4098 | 77 | 120 |
| Diff | 0.031 ** | | 0.044 ** | |

注：*、**、*** 分别表示在10%、5%、1%的水平上显著相关。

# 6.4 结论

本章以2007～2019年A股家族上市公司并购发起事件为研究样本，考察了国有股权参股对家族企业并购绩效的影响。研究发现，国有股权参股显著提升了家族企业的长短期并购绩效。具体而言，与没有国有股权参与的家族企业并购相比，国有股权参与使并购公告日前后 1 天累计超常收益和并购前后 1 年的总资产收益率变化值显著提高。变换并购绩效的长短期指标的稳健性检验得到了同样的结果，国有股权持股比例与企业并购绩效具有显著正相关作用，国有股权持股比例越高，越能够发挥治理效应，提升家族企业并购的长短期绩效。进一步研究发现国有股权参股提升家族企业并购绩效的作用机制在于国有股权参股降低了并购溢价、提高了家族企业并购整合能力（以内部控制质量衡量）。研究表明，作为利益相关者，国有股东参与家族企业并购的整个过程，降低并购交易的搜索成本，提升协调效率，使并购更可能产生协同效应，从而提高并购绩效。国有股权参股对并购绩效的提升在外部市场化环境好、内部资金占用多的家族企业中更为显著，是否派遣董事的分组检验验证了混合所有制改革异质性股权要真正发挥作用，不仅需要形式上的股权融合，还需要真正意义上的决策发声，派遣董事进行董事会治理对家族企业并购绩效的提升更为显著。

我们通过理论分析和实证检验验证了家族控制与企业并购正相关，中国的家族企业发起了更多的并购，而且基于利益侵占动机，家族企业发起了更多的价值毁损型并购。然而在当前新经济形态下，面对全球日益激烈的竞争，要实现家族企业持续健康发展，完成家族企业代际传承、转型升级，并购是一条不可回避之路。如何提升家族企业的并购效率关乎到家族企业能否成功转型，实现跨越式发展。稍有不慎，并购会为原本健康运行的企业带来生存危机。家族企业在资金实力、企业规模上都处于逐渐发展的状态，并购充满不确定性，稍有不慎企业家一生心血都将付诸东流，并购失败不仅给家族财富带来巨大损失，也会损害中小投资者的利益，加剧金融市场的风险、影响实体经济的发展。在混合所有制改革的背景之下，国有股权参与抑制了家族企业的非效率并购倾向，提升了家族企业并购绩效，发挥了异质性股东的监督效应，也拓宽了混合所有制改革对家族企业战略投资决策的影响研究，从企业并购这一视角对国有股权参股能否助力家族企业高质量发展提供了实证检验，为家族企业提高公司治理水平以及混合所有制进一步深化提供有益参考。

# 7

# 研究结论与展望

## 7.1  研究结论

中国经济增长之谜不仅让西方学者慨叹不已，也是国内学术界关注的焦点。改革开放以来，中国家族企业的崛起更是中国经济之谜中的重要一环。中国家族企业在国家经济飞速发展的大好机遇中应运而生，然而自从诞生之日起就一直面临着激烈市场竞争的挑战。家族特性、整体向好的宏观经济环境以及不断完善的市场环境和企业家精神促成了家族企业的蓬勃发展。在中国的文化氛围中，做大做强一直是企业的美好愿景，不仅国有企业要建成世界一流的企业，民营经济也不乏拔得头筹的雄心。与西方家族企业研究理论与实证检验相悖的是，中国家族企业无论是在实践中还是本书的实证研究里都没有表现出风险规避的一面。这可能源于中国经济的迅猛发展，为企业发展提供了广阔空间。我们研究市场主体的行为特征、决策导向、战略目标无法脱离其生存发展的经济社会环境。以并购倾向为视角的考察发现中国家族企业的家族控制与并购倾向成正比，中国的家族企业具有强烈的并购意愿。尽管并购伴随着极高的风险和极大的失败概率，家族企业依然趋之若鹜，实施了更多的并购。对并购动机的理论和实证检验发现，与基业长青假说相比，中国目前家族企业并购实践更支持利益侵占假说。比较创始控制与非创始控制家族企业的并购倾向可以成为检验两种假说的实验场景。创始控制一手缔造了自己的企业，经过不断地发展壮大，企业成就了家族创始人的社会价值，为他带来了家族财富和地位声誉。珍惜企业声誉和发展前景的创始控制如果并购得更多，则是基业长青假说最好的验证。而非创始控制与企业间缺少这样的情感联结，非效率并购能够带来个人财富的暴增，短期牟利心理占优，非创始控制并购更多则是利益侵占假说动机的有利验证。研究发现家族控制与企业并购倾向正相关，中国家族企业发起了更多的并购，资金占用多、存在股权质押的企业，外部市场化环境较差以及非四大审计的家族企业发起了更多的并购，非创始控制发起了更多并购。家族企业并购意愿强，但是并购绩效差。这都验证了目前中国家族企业的并购更多是基于利益侵占动机，利用资本市场仍待完善、个人投资者非理性投资的漏洞以并购之名短期获利的并购异象。

随着混合所有制改革的不断深化，包括家族企业在内的民营经济能否在混改的助力下有序经营、转型升级，健康发展引起研究者和实践者的广泛关注。本书以家族企业并购实践为检验的切入点考察国有股权参股能否抑制上述并购异象，让企业并购回归最初的外延式发展模式，成为企业转型升级的重要推动力。研究发现，家族企业引入国有股权可以让企业的并购活动"做得更少但做得更好"，即降低发起并购的可能性；但是增加对所选并购目标的甄选、并购过程的管控、并购整合的优化，可最终实现较高的并购绩效，呈现出并购效率的提升。进一步研究表明，国有股权对家族企业并购效率的提升在市场化环境好的地区、资金占用高的企业更加显著。国有股权的治理效应主要是通过降低并购溢价和提高并购整合能力（提升企业内部控制）两条路径来实现的。区分了国有股权参股和国有股权董事会治理不同参与程度的效应差异，实证结果验证了理论假说，国有董事派遣能够实质性发声，在董事会拥有决策权，对家族控股股东可以起到更有效的制衡，抑制家族控股股东的非效率投资决策，作用更为显著。本书的研究从家族企业并购的视角验证了国有股权存在治理效应，不仅为异质性股权能否有效制衡家族控股大股东这一问题提供了答案，还为家族企业如何通过混合所有制改革提升家族企业公司治理、提高企业决策能力提供了解决方案。

国有股权在一定程度上能够帮助家族企业去家族化，同时也能够有效提升其资本宽度、夯实其成长路径。与此同时，家族企业中具有不同来源的国有资本代表可以形成监督，有利于形成和健全现代企业管理制度，并实现科学决策和民主管理。

# 7.2 管理启示

本书以家族企业并购效率为研究情境，检验混合所有制改革过程中国有股权参股家族企业所产生的影响作用。具体的机制检验发现国有股权参股是通过降低并购溢价、提升内部控制质量、提高企业并购后的整合质量，最终实现并购绩效的提升。包括家族企业在内的中国经济目前正处于转型升级的关键时期，并购交易虽然容易被炒作，存在利益侵占动机，但确实对微观企业来说是资源互补、迅速扩大规模、实现外延式发展的重要战略决策。对宏观经济而言，并购是能够提升整体的资源整合效率，发挥资源配置优势，助力经济高质量发展的资源调配方式。如何减少价值毁损型并购、套现式并购，实施更多企业转型所需的并购？本书从并购前的源头控制、并购中的溢价抑制、并购后的整合监督为中国上市公司并购实践提供了参考。

家族企业研究更多关注企业内部结构特征，家族企业管理更多是基于内部人管内部事。面对瞬息万变的商业环境，家族企业如何应对外界的不确定因素，克服自身短板是个需要解决的现实问题。以并购实践为例，仅凭做大做强的美好愿景无法实现成功并购。并购经验的学习、信息搜寻、目标企业的尽职调研，真正实现协同效应都需要反复论证、理性决策。另外，无论是基于家族企业自身的考虑，还是资本市场有序发展、国家经济健康运行的思量，家族企业都要坚持长期导向，具有法制意识，抑制以并购之名炒作行"掏空"之实的自利行为，避免速胜投机心理，专心主业，精耕细作，寻找发展契机。

本书的研究具有现实启示。首先，对于监管机构而言，家族企业并购存在利用并购事件炒高股价进而"掏空"上市公司、套现减持的可能，对家族企业并购监管要进一步加强。切实保护中小投资者利益，提高企业违法成本，对利用并购炒作投机的个人和企业一定要及时披露、严厉惩处，提高信息披露质量。

再者，家族企业自身而言，应该具有长远的经营目标，聚焦自身主业，基于长期导向，谨慎对待并购决策、认真实施并购整合，避免过度自信或者同伴效应等造成的盲目并购，充分发挥家族创业者最初的企业家精神。同时家族企业在完成并购之后，应该通过积极有效的整合和管理，尽快与被并购企业进行磨合。高效利用被并购企业带来的技术资源或人才资源，保证并购带来的超额经济利益能够有效流入企业，协同效应能够发挥，这样才能真正保持创新活力和持续发展能力，在日益激烈的挑战和竞争中站稳脚跟，促进自身的长期健康发展。

最后，就投资者而言，并购故事使股价虚增，处于信息劣势的投资者要坚持价值投资、了解公司财务信息和行业发展前景，重视家族上市公司的内部治理和外部监督情况，理性投资。

# 7.3 研究展望

## 7.3.1 本书研究的局限性

本书对家族企业并购实践的研究，仅选择了并购倾向、并购绩效两个切入点，并没有对并购实践中的其他可能因素如并购的支付方式（现金支付、股权支付或者其他支付方式）、并购的类型（多元化并购和相关性并购）、代际传承下家族企业并购行为等加以分析，这是未来可以考虑细分研究的方向。

在国有股权参股的度量上，本书只手工获取了国有股东有无、国有股东持股比例以及国有股东数量三个指标以及是否存在国有股东派遣的数据，没有进一步获取国有董事在董事会所占比例。已有研究认为混合所有制改革真正发挥效应不仅在于形式上的"混"还要有实质上的"改"，即在董事会有话语权，尽管与非国有股东在国有企业的发声相比，国有股东在家族企业具有更大的威慑力，通过股权结构（股东持股）能够发挥一定的影响力和治理作用，然而董事会参与（委派董事）这个维度介入家族企业的公司治理效应理论上更能实质性地发挥监督制衡作用，进一步多维度深入研究还是非常必要的。

本书从异质性股权制衡的视角，以家族企业并购实践为检验场景验证了国有股权参股的治理效应，我们的切入点是优化家族企业的并购决策，减少非效率并购，而国有股权治理效应能否在家族企业高质量发展的其他决策环节发挥作用仍有待挖掘。

## 7.3.2 进一步的研究方向

本书的研究仍有继续进展的可能。国有股权参与这一概念的界定仍有进一步细化的空间和必要。国有股权具有不同层级，国家层面的、中央层面的、省级层面的以及地方政府。不同层级对家族企业决策影响程度存在差异，影响方式和经济后果也存在异质性。本书的研究剔除了社保基金之类的金融类国有股东，而国有风险投资研究也正在兴起。已有文献比较了国资风投和民营风投的差异，国资风投和国有企业这两类国有股权参与对家族企业经营决策的影响是进一步研究的方向。

本书基于大样本数据分析的方法来探究国有股东治理如何影响家族企业并购效率，可能忽视了不同类型家族企业内部股东治理的异质性特征。因此，未来的研究可以采用问卷调查、案例分析等多种研究方法，从更加具体的角度为不同类型的家族企业如何进行股东治理提供切实可行的建议。

去家族化是家族企业未来发展的一个方向。从家族特点和企业特性出发，国有股权参股能否推动家族企业的现代化转型、成为去家族化的一种方式，国有股权参股对去家族化的影响和其他类型股东以及家族企业自身去家族化有什么不同，国有股权助力家族企业发展的过程中面临的挑战及应对，本书的分析尚未给出全面的解答。前面提及的国有股权的分类就显得至关重要了，不同类型的国有股权参股具有不同的目标函数和利益诉求，从具体分类出发，剖析不同类型国有股权的参股对家族企业决策的影响差异以及产生的经济后果，都是进一步研究的方向。国有股权参股是一个动态的概念，家族企业存在国有股权以及国有股权退出家族企业对企业经营决策有何影响，国有股权参股的家族企业是否存在一些共性，这都是笔者比较感兴趣和愿意持续跟进的话题。

# 参考文献

[1] 安郁强, 陈选娟. 估值套利与公司并购: 来自中国企业并购的新证据 [J]. 经济管理, 2019 (3): 73-89.

[2] 蔡贵龙, 柳建华, 马新啸. 非国有股东治理与国企高管薪酬激励 [J]. 管理世界, 2018 (5): 137-149.

[3] 蔡宁. 文化差异会影响并购绩效吗: 基于方言视角的研究 [J]. 会计研究, 2019 (7): 43-50.

[4] 蔡庆丰, 陈熠辉, 吴杰. 家族企业二代的成长经历影响并购行为吗: 基于我国上市家族企业的发现 [J]. 南开管理评论, 2019 (1): 139-150.

[5] 曹丰, 谷孝颖. 非国有股东治理能够抑制国有企业金融化吗? [J]. 经济管理, 2021 (1): 54-71.

[6] 陈爱贞, 张鹏飞. 并购模式与企业创新 [J]. 中国工业经济, 2019 (12): 115-133.

[7] 陈东, 刘志彪. 新中国70年民营经济发展: 演变历程、启示及展望 [J]. 统计学报, 2020 (2): 83-94.

[8] 陈林, 万攀兵, 许莹盈. 混合所有制企业的股权结构与创新行为: 基于自然实验与断点回归的实证检验 [J]. 管理世界, 2019 (10): 186-205.

[9] 陈凌, 陈华丽. 家族涉入、社会情感财富与企业慈善捐赠行为: 基于全国私营企业调查的实证研究 [J]. 管理世界, 2014 (8): 90-101.

[10] 陈德球, 肖泽忠, 董志勇. 家族控制权结构与银行信贷合约: 寻租还

是效率？[J]．管理世界，2013（9）：130－143．

[11] 陈德球，杨佳欣，董志勇．家族控制、职业化经营与公司治理效率：来自 CEO 变更的经验证据 [J]．南开管理评论，2013（4）：55－67．

[12] 陈仕华，卢昌崇，姜广省，等．国企高管政治晋升对企业并购行为的影响：基于企业成长压力理论的实证研究 [J]．管理世界，2015（9）：125－136．

[13] 陈志斌，吴敏，陈志红．家族管理影响中小家族企业价值的路径：基于行业竞争的代理理论和效率理论的研究 [J]．中国工业经济，2017（5）：113－132．

[14] 程晨．家族企业代际传承：创新精神的延续抑或断裂？[J]．管理评论，2018（6）：83－94．

[15] 储小平．家族企业研究：一个具有现代意义的话题 [J]．中国社会科学，2000（5）：51－58．

[16] 邓永勤，汪静．国有参股股东能够促进企业创新吗 [J]．科技进步与对策，2020（5）：81－91．

[17] 窦超，翟进步．业绩承诺背后的财富转移效应研究 [J]．金融研究，2020（12）：189－206．

[18] 窦军生，张玲丽，王宁．社会情感财富框架的理论溯源与应用前沿追踪：基于家族企业研究视角 [J]．外国经济与管理，2014（12）：64－71．

[19] 范博宏．关键世代：走出华人家族企业传承之困 [M]．北京：东方出版社，2012．

[20] 方军雄．政府干预、所有权性质与企业并购 [J]．管理世界，2008（9）：118－123．

[21] 费孝通．乡土中国 [M]．上海：上海观察社，1948．

[22] 冯旭南，李心愉，陈工孟．家族控制、治理环境和公司价值 [J]．金融研究，2011（3）：149－164．

[23] 傅颀，汪祥耀，路军．管理层权力、高管薪酬变动与公司并购行为分析 [J]．会计研究，2014（11）：30－37．

[24] 甘颖琳，韩晓燕．经营期望与家族企业并购：基于业绩反馈和社会情

感财富理论的分析 [J]. 中大管理研究, 2015, 10 (4): 311 - 332.

[25] 郝阳, 龚六堂. 国有、民营混合参股与公司绩效改进 [J]. 经济研究, 2017 (3): 122 - 135.

[26] 何轩, 宋丽红, 朱沆, 等. 家族为何意欲放手: 制度环境感知、政治地位与中国家族企业主的传承意愿 [J]. 管理世界, 2014 (2): 90 - 101.

[27] 何瑛, 杨琳. 改革开放以来国有企业混合所有制改革: 历程、成效与展望 [J]. 管理世界, 2021 (7): 44 - 60, 4.

[28] 胡宁. 家族企业创一代离任过程中利他主义行为研究: 基于差序格局理论视角 [J]. 南开管理评论, 2016 (6): 168 - 176.

[29] 黄灿, 俞勇, 郑鸿. 经济政策不确定性与企业并购: 中国的逻辑 [J]. 财贸经济, 2020 (8): 95 - 109.

[30] 黄福广, 王贤龙, 田利辉, 等. 标的企业风险资本、协同效应和上市公司并购绩效 [J]. 南开管理评论, 2020 (4): 96 - 106, 165.

[31] 黄海杰, 吕长江, 朱晓文. 二代介入与企业创新: 来自中国家族上市公司的证据 [J]. 南开管理评论, 2018 (1): 6 - 16.

[32] 姜付秀, 张敏, 陆正飞, 等. 管理者过度自信、企业扩张与财务困境 [J]. 经济研究, 2009 (1): 131 - 143.

[33] 姜付秀, 郑晓佳, 蔡文婧. 控股家族的 "垂帘听政" 与公司财务决策 [J]. 管理世界, 2017 (3): 125 - 145.

[34] 姜涛, 杨明轩, 王晗. 制度环境、二代涉入与目标二元性: 来自中国家族上市公司的证据 [J]. 南开管理评论, 2019 (4): 135 - 147.

[35] 蒋冠宏. 并购如何提升企业市场势力: 来自中国企业的证据 [J]. 中国工业经济, 2021 (5): 170 - 188.

[36] 蒋薇, 张晓明. 终极所有权视角下的关联并购行为研究 [J]. 现代财经 (天津财经大学学报), 2019 (9): 69 - 85.

[37] 赖黎, 巩亚林, 夏晓兰, 马永强. 管理者从军经历与企业并购 [J]. 世界经济, 2017 (12): 141 - 164.

[38] 李丹蒙, 叶建芳, 卢思绮, 曾森. 管理层过度自信、产权性质与并购商誉 [J]. 会计研究, 2018 (10): 50 - 58.

[39] 李欢,郑果娒,徐永新.家族企业"去家族化"与公司价值:来自我国上市公司的经验证据 [J].金融研究,2014 (11):127-141.

[40] 李健,崔雪,陈传明.家族企业并购商誉、风险承担水平与创新投入:基于信号传递理论的研究 [J].南开管理评论,2022 (1):135-144.

[41] 李井林,刘淑莲,杨超.家族控制、支付方式与并购绩效关系的经验研究 [J].财经论丛,2013 (1):76-82.

[42] 李井林,刘淑莲,杨超.所有权结构、家族控制与并购决策 [J].投资研究,2013 (7):58-71.

[43] 李善民,黄灿,史欣向.信息优势对企业并购的影响:基于社会网络的视角 [J].中国工业经济,2015 (11):141-155.

[44] 李善民,黄志宏,郭菁晶.资本市场定价对企业并购行为的影响研究:来自中国上市公司的证据 [J].经济研究,2020 (7):41-57.

[45] 李善民,毛雅娟,赵晶晶.高管持股、高管的私有收益与公司的并购行为 [J].管理科学,2009 (6):2-12.

[46] 李善民,周小春.公司特征、行业特征和并购战略类型的实证研究 [J].管理世界,2007 (3):130-137.

[47] 李善民,朱滔.多元化并购能给股东创造价值吗?:兼论影响多元化并购长期绩效的因素 [J].管理世界,2006 (3):129-137.

[48] 李诗,蒋骄亮,吴超鹏.家族主义文化与企业并购行为:来自家族上市公司的证据 [J].会计研究,2022 (1):145-157.

[49] 李文贵,余明桂.产权保护与民营企业国有化 [J].经济学(季刊),2017 (4):1341-1366.

[50] 李欣.家族企业的绩效优势从何而来?:基于长期导向韧性的探索 [J].经济管理,2018 (5):56-74.

[51] 李新春,贺小刚,邹立凯.家族企业研究:理论进展与未来展望 [J].管理世界,2020,36 (11):207-229.

[52] 李增福,云锋,黄家惠,等.国有资本参股对非国有企业投资效率的影响研究 [J].经济学家,2021 (3):71-81.

[53] 李增泉,余谦,王晓坤.掏空、支持与并购重组:来自我国上市公司的经验证据 [J].经济研究,2005 (1):95-105.

[54] 连燕玲，贺小刚，张远飞，等．危机冲击、大股东"管家角色"与企业绩效：基于中国上市公司的实证分析［J］．管理世界，2012（9）：142-155．

[55] 梁强，周莉，邹立凯．二代自主权与家族企业多元化战略：能力禀赋的调节效应［J］．外国经济与管理，2016（7）：24-40．

[56] 刘白璐，吕长江．基于长期价值导向的并购行为研究：以我国家族企业为证据［J］．会计研究，2018（6）：47-53．

[57] 刘昕，潘爱玲．跨所有制并购能否抑制民营企业的避税行为？［J］．现代财经（天津财经大学学报），2020（10）：65-79．

[58] 刘运国，郑巧，蔡贵龙．非国有股东提高了国有企业的内部控制质量吗?：来自国有上市公司的经验证据［J］．会计研究，2016（11）：61-68．

[59] 刘钊，王志强，肖明芳．产权性质、资本结构与企业并购：基于中国制度背景的研究［J］．经济与管理研究，2014（2）：32-40．

[60] 逯东，黄丹，杨丹．国有企业非实际控制人的董事会权力与并购效率［J］．管理世界，2019（6）：119-141．

[61] 罗宏，秦际栋．国有股权参股对家族企业创新投入的影响［J］．中国工业经济，2019（7）：174-192．

[62] 罗进辉，彭晨宸，刘玥．代际传承与家族企业多元化经营［J/OL］．南开管理评论，2021：1-21［2021-08-24］．http：//kns.cnki.net/kcms/detail/12.1288.f.20210625.1453.012.html．

[63] 马连福，王丽丽，张琦．混合所有制的优序选择：市场的逻辑［J］．中国工业经济，2015（7）：5-20．

[64] 马新啸，汤泰劼，郑国坚．非国有股东治理与国有企业的税收规避和纳税贡献：基于混合所有制改革的视角［J］．管理世界，2021（6）：128-141，8．

[65] 麦木蓉，魏安平，钟子康．"优化"还是"恶化"：基于上市家族企业的控制权安排研究［J］．经济学报，2020（12）：107-143．

[66] 莫小东．混合所有制改革与民营企业投资效率［J］．投资研究，2020（10）：4-19．

［67］潘爱玲，刘文楷，王雪．管理者过度自信、债务容量与并购溢价［J］．南开管理评论，2018（3）：35－45.

［68］潘红波，余明桂．支持之手、掠夺之手与异地并购［J］．经济研究，2011（9）：108－120.

［69］彭聪，申宇，张宗益．高管校友圈降低了市场分割程度吗?：基于异地并购的视角［J］．管理世界，2020（5）：134－161.

［70］钱爱民，吴春天．民营企业混合所有制与商业信贷合约：不确定性风险视角［J］．山西财经大学学报，2021（4）：112－126.

［71］邵帅，吕长江．实际控制人直接持股可以提升公司价值吗?：来自中国民营上市公司的证据［J］．管理世界，2015（5）：134－146.

［72］邵云飞，李刚磊，徐赛．参与混合所有制改革能否促进民营企业创新：来自中国民营上市公司的经验证据［J］．管理学季刊，2019（2）：63－89.

［73］宋贺，段军山．财务顾问与企业并购绩效［J］．中国工业经济，2019（5）：155－173.

［74］宋淑琴，代淑江．管理者过度自信、并购类型与并购绩效［J］．宏观经济研究，2015（5）：139－149.

［75］孙鲲鹏，方明月，包家昊．如何"混改"更好：国企混合所有制股权组合模式对企业绩效的影响［J］．财贸经济，2021（6）：87－103.

［76］唐建新，陈冬．地区投资者保护、企业性质与异地并购的协同效应［J］．管理世界，2010（8）：102－116.

［77］唐清泉，韩宏稳．关联并购与公司价值：会计稳健性的治理作用［J］．南开管理评论，2018（3）：23－34.

［78］唐松莲，孙经纬，李丹蒙．国有股参股家族企业可抑制股价崩盘风险吗?［J］．上海财经大学学报，2021（12）：3－20.

［79］田高良，韩洁，李留闯．连锁董事与并购绩效：来自中国A股上市公司的经验证据［J］．南开管理评论，2013（6）：112－122.

［80］涂国前，刘峰．制衡股东性质与制衡效果：来自中国民营化上市公司的经验证据［J］．管理世界，2010（11）：132－142.

［81］万良勇，胡璟．网络位置、独立董事治理与公司并购：来自中国上市

公司的经验证据 [J]. 南开管理评论, 2014 (2): 64 – 73.

[82] 王陈豪, 王轶, 李红波. 宗族文化与企业并购收益 [J]. 会计研究, 2020 (2): 101 – 116.

[83] 王琨, 徐艳萍. 家族企业高管性质与薪酬研究 [J]. 南开管理评论, 2015 (4): 15 – 25.

[84] 王姝勋, 董艳. 期权激励与企业并购行为 [J]. 金融研究, 2020 (3): 169 – 188.

[85] 王运通, 姜付秀. 多个大股东能否降低公司债务融资成本 [J]. 世界经济, 2017 (10): 119 – 143.

[86] 魏春燕, 陈磊. 家族企业 CEO 更换过程中的利他主义行为: 基于资产减值的研究 [J]. 管理世界, 2015 (3): 137 – 150.

[87] 魏志华, 林亚清, 吴育辉, 等. 家族企业研究: 一个文献计量分析 [J]. 经济学 (季刊), 2014 (1): 27 – 56.

[88] 魏志华, 朱彩云. 超额商誉是否成为企业经营负担: 基于产品市场竞争能力视角的解释 [J]. 中国工业经济, 2019 (11): 174 – 192.

[89] 吴炳德, 王志玮, 陈士慧, 等. 目标兼容性、投资视野与家族控制: 以研发资金配置为例 [J]. 管理世界, 2017 (2): 109 – 119, 187 – 188.

[90] 吴超鹏, 叶小杰, 吴世农. 政治关联、并购绩效与高管变更: 基于我国上市公司的实证研究 [J]. 经济学家, 2012 (2): 90 – 99.

[91] 肖士盛, 李丹, 袁淳. 企业风格与政府环境匹配: 基于异地并购的证据 [J]. 管理世界, 2018 (3): 124 – 138.

[92] 谢会丽, 肖作平, 王丹青, 等. 民营企业创始控制对 R&D 投资的影响: 基于管家理论的实证分析 [J]. 南开管理评论, 2019 (4): 114 – 122.

[93] 徐虹, 林钟高, 芮晨. 产品市场竞争、资产专用性与上市公司横向并购 [J]. 南开管理评论, 2015 (3): 48 – 59.

[94] 徐莉萍, 关月琴, 辛宇. 控股股东股权质押与并购业绩承诺: 基于市值管理视角的经验证据 [J]. 中国工业经济, 2021 (1): 136 – 154.

[95] 徐宁, 张阳, 徐向艺. "能者居之" 能够保护子公司中小股东利益吗?:

母子公司"双向治理"的视角 [J]. 中国工业经济, 2019 (11): 155 - 173.

[96] 徐炜, 马树元, 王赐之. 家族涉入、国有股权与中国家族企业国际化 [J]. 经济管理, 2020 (10): 102 - 119.

[97] 许年行, 谢蓉蓉, 吴世农. 中国式家族企业管理: 治理模式、领导模式与公司绩效 [J]. 经济研究, 2019 (12): 165 - 181.

[98] 许宇鹏, 程博, 潘飞. "男耕女织"影响企业创新吗: 来自中国家族上市公司的经验证据 [J]. 南开管理评论, 2021 (1): 169 - 180, 219 - 220.

[99] 杨威, 赵仲匡, 宋敏. 多元化并购溢价与企业转型 [J]. 金融研究, 2019 (5): 115 - 131.

[100] 杨兴全, 尹兴强. 国企混改如何影响公司现金持有? [J]. 管理世界, 2018 (11): 93 - 107.

[101] 姚梅洁, 宋增基, 张宗益. 制度负外部性与市场主体的应对: 来自中国民营企业的经验证据 [J]. 管理世界, 2019 (11): 158 - 173.

[102] 易阳, 宋顺林, 谢新敏, 等. 创始人专用性资产、堑壕效应与公司控制权配置: 基于雷士照明的案例分析 [J]. 会计研究, 2016 (1): 63 - 70.

[103] 于文超, 梁平汉. 不确定性、营商环境与民营企业经营活力 [J]. 中国工业经济, 2019 (11): 136 - 154.

[104] 余向前, 张正堂, 张一力. 企业家隐性知识、交接班意愿与家族企业代际传承 [J]. 管理世界, 2013 (11): 77 - 88, 188.

[105] 原红旗, 高靓, 施海娜. 企业并购中的业绩承诺和商誉减值 [J]. 会计研究, 2021 (4): 60 - 77.

[106] 张丽敏, 靳庆鲁, 张佩佩. IPO 成长性管理与公司并购: 基于创业板上市公司的证据 [J]. 财经研究, 2020 (6): 125 - 139, 168.

[107] 张鸣, 郭思永. 高管薪酬利益驱动下的企业并购: 来自中国上市公司的经验证据 [J]. 财经研究, 2007 (12): 103 - 113.

[108] 张洽, 袁天荣. CEO 权力、私有收益与并购动因: 基于我国上市公司的实证研究 [J]. 财经研究, 2013 (4): 101 - 110.

[109] 张双鹏,周建. 企业并购战略的决策动因述评:从理性预期到行为研究 [J]. 外国经济与管理,2018 (10):108－122.

[110] 赵晶,孟维烜. 继承人社会资本对代际传承中企业创新的影响 [J]. 中国人民大学学报,2016 (3):91－105.

[111] 赵晶,张书博,祝丽敏. 传承人合法性对家族企业战略变革的影响 [J]. 中国工业经济,2015 (8):130－144.

[112] 赵晓阳,衣长军. 国资介入能否抑制实体企业的脱实向虚?:兼论亲清政商关系的调节作用 [J]. 经济管理,2021 (7):61－74.

[113] 赵宇恒,金世辉,尹雪娜. 家族企业特征与投融资政策选择 [J]. 中南财经政法大学学报,2015 (5):54－61.

[114] 郑志刚. 国企混改实践中的认识误区和未来突破的关键问题 [J]. 证券市场导报,2021 (3):32－38.

[115] 钟凯,刘金钊,王化成. 家族控制权会加剧企业资金期限结构错配吗?:来自中国非国有上市公司的经验证据 [J]. 会计与经济研究,2018 (2):3－20.

[116] 周绍妮,张秋生,胡立新. 机构投资者持股能提升国企并购绩效吗?:兼论中国机构投资者的异质性 [J]. 会计研究,2017 (6):67－74.

[117] 朱雅典,才国伟. 股权质押、大股东行为与企业并购 [J]. 金融学季刊,2020 (4):1－22.

[118] 竺李乐,吴福象,李雪. 民营企业创新能力:特征事实与作用机制:基于民营企业引入国有资本的"逆向混改"视角 [J]. 财经科学,2021 (1):76－90.

[119] 祝振铎,李新春,叶文平. "扶上马、送一程":家族企业代际传承中的战略变革与父爱主义 [J]. 管理世界,2018 (11):65－79.

[120] 邹立凯,王博,梁强. 继任CEO身份差异与家族企业创新投入研究:基于合法性的视角 [J]. 外国经济与管理,2019 (3):126－140.

[121] Ali A,Chen T,Radhakrishnan S. Corporate Disclosures by Family Firms [J]. Journal of Accounting and Economics,2007,44 (1):238－86.

[122] Allen F,Qian J,Qian M J. Law,Finance and Economic Growth in China [J]. Journal of Financial Economics,2005,77 (3):57－116.

[123] Amit R, Ding Y, Villalonga B, et al. The Role of Institutional Development in the Prevalence and Performance of Entrepreneur and Family – controlled Firms [J]. Journal of Corporate Finance, 2015, 31: 284 – 305.

[124] Amore M D, Minichilli A, Corbetta G. How Do Managerial Successions Shape Corporate Financial Policies in Family Firms? [J]. Journal of Corporate Finance, 2011, 17 (4): 1016 – 1027.

[125] Anderson R, Duru A, Reeb D. Founders, Heirs, and Corporate Opacity in the United States [J]. Journal of Financial Economics, 2009, 92 (2): 205 – 222.

[126] Anderson R, Mansi S, Reeb D. Founding Family Ownership and Agency Cost of Debt [J]. Journal of Financial Economics, 2003, 68 (2): 263 – 285.

[127] Anderson R, Reeb D. Founding Family Ownership, Corporate Diversification and Firm Leverage [J]. Journal of Law and Economics, 2003, 46 (2): 653 – 684.

[128] Anderson R, Reeb D. Founding Family Ownership and Firm Performance: Evidence from the S&P 500 [J]. Journal of Finance, 2003, 58 (6): 1301 – 1329.

[129] Ansoff H I. Corporate Strategy: An Analytic Approach to Business Policy for Growth and Expansion [M]. Penguin Books, 1965.

[130] Aparicio G, Basco R, Iturralde T. An Exploratory Study of Firm Goals in the Context of Family Firms: An Institutional Logics Perspective [J]. Journal of Family Business Strategy, 2017 (3): 157 – 169.

[131] Arikan A M, RENÉ M S. Corporate Acquisitions, Diversification, and the Firm's Life Cycle [J]. The Journal of Finance, 2016, 71 (1): 139 – 193.

[132] Attig N, Ghoul S E, Guedhami O. Do Multiple Large Shareholders Play a Corporate Governance Role? Evidence from East Asia [J]. Journal of Financial Research, 2009, 32 (4): 395 – 422.

[133] Basu N, Dimitrova L, Paeglis I. Family Control and Dilution in Mergers

[J]. Journal of Banking and Finance, 2009, 33 (5): 823 - 841.

[134] Bena J, Li K. Corporate Innovations and Mergers and Acquisitions [J]. Journal of Finance, 2014, 69 (5): 1923 - 1960.

[135] Bennedsen M, Fan J P H, Jian M, et al. The Family Business Map: Framework, Selective Survey, and Evidence from Chinese family Firm Succession [J]. Journal of Corporate Finance, 2015, 33: 212 - 226.

[136] Benson B W, et al. Do Busy Directors and CEOs Shirk Their Responsibilities? Evidence from Mergers and Acquisitions [J]. The Quarterly Review of Economics and Finance, 2015, 55: 1 - 19.

[137] Berrone P, Cruz C, Gomez-Mejia L R. Socioemotional Wealth in Family Firms: Theoretical Dimensions, Assessment Approaches and Agenda for Future Research [J]. Family Business Review, 2012, 25 (3): 258 - 279.

[138] Bhaumik S K, Selarka E. Does Ownership Concentration Improve M&A Outcomes in Emerging Markets? Evidence from India [J]. Journal of Corporate Finance, 2012, 18 (4): 717 - 726.

[139] Block J H. R&D Investments in Family and Founder Firms: An Agency Perspective [J]. Journal of Business Venturing, 2012, 27 (2): 248 - 265.

[140] Bonaime A, Gulen H, Ion M. Does Policy Uncertainty Affect Mergers and Acquisitions? [J]. Journal of Financial Economics, 2018, 129 (3): 531 - 558.

[141] Brown S J, Warner J B. Using Daily Stock Returns: The Case of Event Studies [J]. Journal of Financial Economics, 1985, 14 (1): 3 - 31.

[142] Cai Y, Sevilir M. Board Connections and M&A Transactions [J]. Journal of Financial Economics, 2012, 103 (2): 327 - 349.

[143] Caprio L, Croci E, Giudice A D. Ownership Structure, Family Control, and Acquisition Decisions [J]. Journal of Corporate Finance, 2011, 17 (5): 1636 - 1657.

[144] Casillas J C, Moreno A M, Barbero J L. A Configurational Approach of the

Relationship between Entrepreneurial Orientation and Growth of Family Firms [J]. Family Business Review, 2010, 23 (1): 27 –44.

[145] Chen G L, Crossland C, Huang S. Female Board Representation and Corporate Acquisition Intensity [J]. Strategic Management Journal, 2016, 37 (2): 303 –313.

[146] Cheng Q. Family Firm Research—Areview [J]. China Journal of Accounting Research, 2014, 7 (3): 149 –163.

[147] Chen X, Cheng Q, Dai Z L, Family Ownership and CEO Turnovers [J]. Contemporary Accounting Research, 2013, 30: 1166 –1190.

[148] Choi Y R, Zahra S A, Yoshikawa T, Han B H. Family Ownership and R&D Investment: The Role of Growth Opportunities and Business Group Membership [J]. Journal of Business Research, 2015, 68 (5): 1053 – 1061.

[149] Chrisman J J, Chua J H, Pearson A W. Family Involvement, Family Influence, and Family-centered Non-economic Goals in Small Firms [J]. Entrepreneurship Theory & Practice, 2012, 36 (2): 267 –293.

[150] Chua J H, Chrisman J J, Sharma P. Defining the Family Business by Behavior [J]. Entrepreneurship Theory and Practice, 1999, (23): 19 – 40.

[151] Deephouse D L, Jaskiewicz P. Do Family Firms Have Better Reputations than Non-Family Firms? An Integration of Socioemotional Wealth and Social Identity Theories [J]. Journal of Management Studies, 2013, 50 (3): 337 –360.

[152] Dou J, Jacoby G, Li J, et al. Family Involvement and Family Firm Internationalization: The Moderating Effects of Board Experience and Geographical Distance [J]. Journal of International Financial Markets, Institutions and Money, 2019, 59 (3): 250 –261.

[153] Doukas J A, Zhang R. Corporate Managerial Ability, Earnings Smoothing, and Acquisitions [J]. Journal of Corporate Finance, 2020, 65: 101756.

[154] Duran P, Kammerlander N, Van M, Zellweger T. Doing More with Less:

Innovation Input and Output in Family Firms [J]. Academy of Management Journal, 2016, 59 (4): 1224 – 1264.

[155] Eddleston K A, Kellermanns F W, Zellweger T M. Exploring the Entrepreneurial Behavior of Family Firms: Does the Stewardship Perspective Explain Differences [J]. Entrepreneurship Theory and Practice, 2012, 36 (2): 347 – 367.

[156] Faccio M. Politically Connected Firms [J]. The American Economic Review, 2006, 96 (1): 369 – 386.

[157] Fahlenbrach R. Founder-CEOs, Investment Decisions, and Stock Market Performance [J]. Journal of Financial and Quantitative Analysis, 2009, 44 (2): 439 – 466.

[158] Fama E F, Jensen M C. Separation of Ownership and Control [J]. The Journal of Law and Economics, 1983, 26 (2): 301 – 325.

[159] Fan J P H, Wong T J, Zhang T Y. Founder Succession and Accounting Properties [J]. Contemporary Accounting Research, 2012, 29 (1): 283 – 311.

[160] Fan J P H, Wong T J, Zhang T Y. Politically-Connected CEOs, Corporate Governance and Post-IPO Performance of China's Newly Partially Privatized Firms [J]. Journal of Financial Economics, 2007, 84 (2): 330 – 357.

[161] Fan J P H, Wong T J. Corporate Ownership Structure and the Informativeness of Accounting Earnings in East Asia [J]. Journal of Accounting and Economics, 2002, 33 (3): 401 – 25.

[162] Field L C, Mkrtchyan A. The Effect of Director Experience on Acquisition Performance [J]. Journal of Financial Economics, 2017, 123 (3): 488 – 511.

[163] Giannetti M, Liao G, Yu X. The Brain Gain of Corporate Boards: Evidence from China [J]. The Journal of Finance, 2015, 70 (4): 1629 – 1682.

[164] Gómez-Mejía L R, Haynes K T, Núñez-Nickel M, et al. Socioemotional Wealth and Business Risks in Family-controlled Firms: Evidence from

Spanish Olive Oil Mills [J]. Administrative Science Quarterly, 2007, 52 (1): 106 – 137.

[165] Harford J M, Humphery J, Powel R. The Sources of Value Destruction in Acquisitions by Entrenched Managers [J]. Journal of Financial Economics, 2012, 106 (1): 247 – 261.

[166] Hsu P H, Huang S, Massa M, et al. The New Lyrics of the Old Folks: The Role of Family Ownership in Corporate Innovation [J]. SSRN Electronic Journal, 2015.

[167] Huang Q, Jiang F, Lie E, et al. The Role of Investment Banker Directors in M&A [J]. Journal of Financial Economics, 2014, 112 (2): 269 – 286.

[168] Isakov D, Weisskopf J P. Are Founding Families Special Blockholders? An Investigation of Controlling Shareholder Influence on Firm Performance [J]. Journal of Banking & Finance, 2014, 41 (2): 1 – 16.

[169] Ishii J, Xuan Y H. Acquirer-Target Social Ties and Merger Outcomes [J]. Journal of Financial Economics, 2014, 112 (3): 344 – 363.

[170] Jada B, Rz A. Corporate Managerial Ability, Earnings Smoothing, and Acquisitions [J]. Journal of Corporate Finance, 2020, 65.

[171] Jensen M, Meckling W. Theory of the Firm: Managerial Behavior, Agency Costs and Ownership Structure [J]. Journal of Financial Economics, 1976, 3 (4): 305 – 360.

[172] Jensen M. Agency Costs of Free Cash Flow, Corporate Finance and Takeovers [J]. American Economic Review, 1986, 76 (2): 323 – 339.

[173] Jiang F, Kim K A. Corporate governance in China: A modern perspective [J]. Journal of Corporate Finance, 2015, 32: 190 – 216.

[174] Joshi M, Sanchez C, Mudde P. Improving the M&A Success Rate: Identity May Be the Key [J]. Journal of Business Strategy, 2018, 41 (1): 50 – 57.

[175] Kim E H, Finkelstein S, Haleblian J. All Aspirations are not Created Equal: The Differential Effects of Historical and Social Aspirations on Ac-

quisition Behavior [J]. Academy of Management Journal, 2015, 58 (5):
1361 – 1388.

[176] Kotlar J, Massis A D. Goal Setting in Family Firms: Goal Diversity, Social
Interactions, and Collective Commitment to Family-centered Goals [J].
Entrepreneurship Theory & Practice, 2013, 37 (6): 1263 – 1288.

[177] Kraiczy N D, Hack A, Kellermanns F W. What Makes a Family Firm In-
novative? CEO Risk-Taking Propensity and the Organizational Context of
Family Firms [J]. Journal of Product Innovation Management, 2015, 32
(3): 334 – 348.

[178] La Porta R, Lopez-de-Silanes, F, Shleifer A, Vishny R. Investor Protec-
tion and Corporate Governance [J]. Journal of Financial Economics, 2000,
58 (1 – 2): 3 – 27.

[179] La Porta R, Lopez-de-Silanes F, Shleifer A, Vishny R. Law and Finance
[J]. Journal of Political Economy, 1981, 6 (6): 1115 – 1155.

[180] La Porta R, Lopez-de-Silanes F, Shleifer A. Corporate Ownership around
the World [J]. Journal of Finance, 1999, 54 (2): 471 – 517.

[181] Le Breton-Miller I, Miller D. Why Do Some Family Businesses Out-Com-
pete? Governance, Long-Term Orientations, and Sustainable Capability
[J]. Entrepreneurship Theory & Practice, 2010, 30 (6): 731 – 746.

[182] Lennox C, Wang Z T, Wu X. Earnings Management, Audit Adjustments,
and the Financing of Corporate Acquisitions: Evidence from China [J].
Journal of Accounting and Economics, 2018, 65 (1): 21 – 40.

[183] Liu Q, Luo T, Tian G G. Family Control and Corporate Cash Holdings:
Evidence from China [J]. Journal of Corporate Finance, 2015, 31: 220 –
245.

[184] Lumpkin G T, Brigham K H. Long-Term Orientation and Intertemporal
Choice in Family Firm [J]. Entrepreneurship Theory and Practice, 2011,
35 (6): 1149 – 1169.

[185] Maksimovic V, Phillips G, Yang L. Private and Public Merger Waves [J].
The Journal of Finance, 2013, 68 (5): 2177 – 2217.

[186] Malmendier U M, Tate G. Who Makes Acquisitions? CEO Overconfidence and the Market's Reaction [J]. Journal of Financial Economics, 2008, 89 (1): 20 –43.

[187] Mehrotra V, Morck R, Shim J. Adoptive Expectations: Rising Sons in Japanese Family Firms [J]. Journal of Financial Economics, 2013, 108 (3): 840 –854.

[188] Miller D, Le Breton-Miller I, Lester R H. Family and Lone Founder Ownership and Strategic Behavior: Social Context, Identity, and Institutional Logics [J]. Journal of Management Studies, 2011, 48 (1): 1 –25.

[189] Miller D, Le Breton-Miller I, Lester R H. Family Ownership and Acquisition Behavior in Publicly-Traded Companies [J]. Strategic Management Journal, 2010, 31 (2): 201 –233.

[190] Miller D, Le Breton-Miller I, Minichilli A, et al. When do Non-Family CEOs Outperform in Family Firms? Agency and Behavioral Agency Perspectives [J]. Journal of Management Studies, 2014, 51 (4): 547 –572.

[191] Miller D, Le Breton-Miller I. Family Governance and Firm Performance: Agency, Stewardship, and Capabilities [J]. Family Business Review, 2006, 19 (1): 73 –87.

[192] Mullins W, Schoar A. How Do CEOs See Their Roles? Management Philosophies and Styles in Family and Non-Family Firms [J]. Journal of Financial Economics, 2016, 119 (1): 24 –43.

[193] Nadolska A, Barkema H G. Good Learners: How Top Management Teams Affect the Success and Frequency of Acquisitions [J]. Strategic Management Journal, 2014, 35 (10): 1483 –1507.

[194] Nason R S, Wiklund J. An Assessment of Resource-Based Theorizing on Firm Growth and Suggestions for the Future [J]. Journal of Management, 2018, 44 (1): 32 –60.

[195] Pan Y, Weng R, Xu N, et al. The Role of Corporate Philanthropy in Family Firm Succession: A Social Outreach Perspective [J]. Journal of Banking & Finance, 2018, 88 (1): 423 –441.

[196] Roll R. The Hubris Hypothesis of Corporate Takeovers [J]. Journal of Business, 1986, 59 (2): 197 – 216.

[197] Seo J, et al. The Role of CEO Relative Standing in Acquisition Behavior and CEO Pay [J]. Strategic Management Journal, 2015, 36 (12): 1877 – 1894.

[198] Sheen A. The Real Product Market Impact of Mergers [J]. Journal of Finance, 2014, 69 (6): 2651 – 2688.

[199] Shim J, Okamuro H. Does Ownership Matter in Mergers? A Comparative Study of the Causes and Consequences of Mergers by Family and Non-family Firms [J]. Journal of Banking and Finance, 2011, 35 (1): 190 – 203.

[200] Shi W, Hoskisson P E, Zhang Y A. Independent Director Death and CEO Acquisitiveness: Build an Empire or Pursue a Quiet Life? [J]. Strategic Management Journal, 2017, 38 (3): 780 – 792.

[201] Shleifer A, Vishny R. Large Shareholders and Corporate Control [J]. Journal of Political Economy, 1986, 94 (3): 461 – 488.

[202] Wei Z, Wu S, Li C, et al. Family Control, Institutional Environment and Cash Dividend Policy: Evidence from China [J]. China Journal of Accounting Research, 2011, 4 (1): 1 – 46.

[203] Yim S. The Acquisitiveness of Youth: CEO Age and Acquisition Behavior [J]. Journal of Financial Economics, 2013, 108 (1): 250 – 273.

[204] Zellweger T M, Nason R S, Nordqvist M, Brush C. Why Do Family Firms Strive for Nonfinancial Goals? An Organizational Identity Perspective [J]. Entrepreneurship Theory & Practice, 2013, 37 (2): 229 – 248.

# 后　记

本书是在我的博士论文基础上完善而成的。

当我真正提笔去回顾这过去的五年多时间时，其实我已不敢，不敢打开自己心里的那个阀。以前我是个特别爱记录、特别爱分享、特别爱回忆的人，但是现在我真的不敢。虽然失去太多，有太多不该，太多现在都不敢去想的悔不当初，我还是要感谢所有帮助我、鼓励我、陪着我一路走到今天的人，包括我自己。无论何时，我都没有想过放弃，道阻且长，行则将至，这是我唯一坚持的一件事，唯一认真的一次，我发现了我的坚韧。

第一次和别人提起考博的想法，朋友说："年纪太大了吧？"那时的我无知无畏，我不介意他的直言不讳，比起虚伪客套，我更喜欢真心告诫。我告别了自己的安逸生活，走出舒适区，开始积极备考。那段时间我真的是感动了自己，白天除了上课就在教室自学，每晚都学习到近 12 点。从未有过如此认真的时候，第一次踏踏实实地去做一件事，第一次可以一直坚持去做一件事，这是我从未有过的奋斗时光，目标明确，心无旁骛，日日如是。

然而我深知所有的努力如果没有遇到恩师刘玉廷教授，没有老师不拘一格给我这次读书机会最终都是徒劳。在这个特殊的时刻，我更加感念我的恩师，他一直鼓励我厚积薄发，告诫我读博就是要付出才有意义、才能提升，只要勤奋刻苦，一定能毕业。在我选题、开题的各个环节，老师都为我指引方向，帮助我解决各种难题，不断地肯定我。我从未想过德高望重的老师会如此平易近人，细致入微地对待我这样一个愚笨的学生。恩师千古！

2017 年 9 月 2 日，我正式走进了东北财经大学，遇到的第一个拦路虎是高级微观。那一学期就像小牛妹妹说的那样，我的眼泪就像是水龙头里的水，一打开呼呼地往外流，不知道哭了多少回，硬生生地背下了天书一样的公式，写满了 8 道大题，考试后还哭了一整夜。然而与今后遇到的困难相比，高微的难已不足道也。

在东财，我是"静姐"，很享受很珍惜一把年纪还可以和"90 后"的同学们一起上课，一起做"presentation"，一起膜拜偶像。刘行老师的课是我读博最大的收获，刘老师对科研的"passion"和"persistence"是我认为学者应有的模样。潜心科研，求得真知也是我读博的初心。2019 年暑假的那两个月每天和广慧妹妹特别有规律地食堂、宿舍、教室三点一线。每天固定的时间、固定的事情，就这样她坚持了三年，其实一切和年龄无关，无志空活百岁，她是我的榜样，成功在于坚持。

在读博的后期我不断地否定自己，但有一点从未改变，我特别能够也愿意发现别人身上的闪光点，特别相信榜样的力量，见贤思齐。在东财这样的榜样很多，一直相互打气的小马同学不是没有低谷，而是凭着坚持，没有寒暑假，没有春节，熬过了最难的时刻，还有"学霸"宋思淼、认真的思阳、优秀的林婷和焰朝，那年暑假常常遇到的解维敏老师、陈克兢老师、许浩然老师，他们有人并不认识我，但是我要感谢他们，还有每每在图书馆遇见、没说过话但是固定时间、固定座位的那些最熟悉的陌生人，他们对学术的坚持让我觉得自己在读博，我们是一群人。

当越来越多问题袭来的时候，我没有了当初的义无反顾。2019 年的 9 月应该是个转折点，在那之前我无知无畏，我一直坚信只要我付出，就一切皆有可能。在家人的呵护下我毫无后顾之忧，没有工作，没有孩子，我自己也可以没有生活，只有每天苦行僧式的苦读，我坚持了那么久却发现都是无用功。那时候我幼稚地认为读博是我这辈子吃过的最大的苦，身心俱疲，身体状况也堪忧。

我一再地为自己的无知埋单，完全不知道自己进入的是什么样的世界，也不知道丛林法则如此残酷，但是我没有想过放弃，也没有后悔，我不让自己有回头看的片刻，甚至是妈妈突然离世我也不让自己有片刻时间悔恨。我有必须完成的事情，善始善终，是我心底里的默念，是我继续往前挪的信念。不破不立，当所有的安逸被彻底打破，当曾经的美好不复存在，当我真的一无所有的时候，也是最真实的时刻，直面惨淡人生，重新开始。

如果说之前的日复一日全凭一腔热情，我让所有的生活为读博让路，一个人一件事，2019 年 9 月之后则是认清现实差距，认识自我浅薄后的砥砺前行。虽然这后面的磨难扑面而来，我已欲哭无泪，但是心中更加坚毅，自己选择的路绝对咬牙坚持。2020 年的暑假，我从早到晚忙着手工搜集数据，当我感觉自己一点点看到希望之光时，意外就那么不期而至了，而且到今天我都无法面对。那么健康的妈妈，为我辛劳一生、无怨无悔的妈妈就那么瞬间没了。如果不是因为晚上在新房子里学习，我可能就听到妈妈的咳嗽声了；如果不是读博，这几年我就会像以前一样，寒暑假都回家陪着妈妈，带妈妈一起去旅游。然而没有如果，读博以来的所有磨砺让我顶住了这个巨大的痛苦，我没有就那么倒下。妈妈无私的爱让我之前可以那般任性，肆意妄为，活在自己的世界，年近 40 不为职称、不为学位放弃工作，只为我以为我可以，开启一段未知的征程。

这一路跌跌撞撞，我不断地发现自己的不堪，重新认识自己、审视自己，我也在不断地收获。我一直认为自己没有了生活，努力学习何尝不是一种生活，这一段一个人熬过的艰难岁月是我真正没有虚度时光，人生最有意义的时刻。而且我不是一个人，这一路老公相伴、陪读，守望相助，尤其那赶工的日日夜夜，感谢老公最艰难时刻的守护！如果说苦难是一笔财富，我从中得到的最大启示就是不能总是做那个索取的人，要有担当，我最想回馈的妈妈没了，我只能不负韶华认真去过每一天，守护好我的爱人和妈妈最爱的小希！

这一路没有高光时刻，却碰到了许多有趣的灵魂。有幸参加了北大光华管理学院举办的第一次会计学者论坛，看到了书中的大家，听到了思想的碰撞，那一刻无比幸福！我要特别感谢我现在的导师孙光国教授，老师心系学生，对学院、学校的情怀一直感染着我。他是我心中的那道光，感恩孙老师能把我带进"sunny 大家庭"，让我有了博士生的归属感。第一次和孙老师在食堂的偶遇仍历历在目，我要像亦师亦友的孙老师一样成为学生的一丝光！

世界上只有一种真正的英雄主义，那就是看清生活的真相之后，依然热爱生活。此刻，我要向曾经的至暗时光告别，我要向最刻骨铭心的遇见告别，那一段经历全然不是我想象的模样，感恩遇见！我被动成长，我心中有伤，不得不面对自己的浅薄无知，却也发现了自己的韧性与坚持，依然心中有光，更懂珍惜。未来我会心怀感恩，在图书馆里读文献，在课堂上与学生分享我的知识，我的亲身感悟：不要在该奋斗的时候选择安逸！读书需趁早，我会一直在路上！

张　静

2021 年 9 月 14 日